노년기 인생경영

초판 1쇄 인쇄 2017. 2. 20.

초판 1쇄 발행 2017. 2. 28.

지은이 염성철

펴낸이 이미숙

펴낸 곳 도서출판 **해븐**

등록번호 제2005-13호

등록된 곳 경기도 고양시 일산서구 산현로92번길 42

출판부 031-911-1137

ISBN 979-11-87455-14-1 93230

copyright ⓒ도서출판 **해븐** 2017〈printed in korea〉

도서출판 **해븐**은 하나님의 백성들이 주기도를 통해서 날마다
기도하는 대로 이 땅에 하나님 나라가 이루어지고 주님께서 다시
오셔서 영원한 하나님의 나라가 임하기까지 하나님의 나라를 전하고
세우는 일을 계속할 것입니다.

총판 : **선교횃불**

아·름·다·운·노·년·을·꿈·꾸·며

노년기
인생경영

염성철 지음

해브
도서출판

차 례

하산 길에서의 고민

흔히 세월이 유수(流水)와 같다고 하지만 노년기에 접어든 요즘은 세월이 유수 정도가 아니라 쏜 살과 같이 흘러갑니다. 언덕길을 올라갈 때는 속도가 더디지만 내려올 때는 가속이 붙어 빠른 것처럼 인생도 그런 것 같습니다.

어렸을 때는 빨리 어른이 되고 싶었습니다. 새해를 맞아 떡국을 먹을 때 어른들이 떡국을 먹으면 한살을 더 먹는다고 해서 두 그릇, 세 그릇도 먹고 싶었습니다. 그때는 한해가 정말 길게 느껴졌습니다. 그런데 나이가 들면서 점점 세월이 빠르게 느껴집니다. 때로는 조급한 마음이 들기도 합니다.

셰익스피어는 "내가 어렸을 때 시간은 기어갔다. 청년으로 꿈꾸고 있을 때 시간은 걸어갔다. 장년으로 성장할 때 시간은 달음질쳐 갔다. 늙어서는 시간이 날아갔다. 내가 먼 나라의 그 길에 들어섰을 때 시간은 영원히 가버렸다. 내가 시간을 버렸더니 이제는 시간이 나를 버렸다."라고 말했습니다.

10대에 시속 10km, 20대엔 시속 20km로 흐르던 세월이 50대에 이르면 시속 50km, 60대에는 시속 60km로 점점 빨라집니다. 왜 같은 시간인데 나이가 들면 세월의 속도가 빠르게 느껴지는 것일까요? 여러 가지 가설들이 있지만 저의 마음에 와 닿는 가설은 이런 것입니다.

어린 시절에는 이 세상의 모든 것이 새롭고 신기합니다. 처음 경험하는 거의 모든 사건들이 특별하여 기억에 남습니다. 기억의 양이 많다보니 그만큼 1년이 길게 느껴진다는 것입니다. 반면에 어른이 된 후로는 매일의 삶이 늘 비슷합니다. 별 자극 없는 일상이 반복됩니다. 특별히 기억할만한 일이 없습니다. 그러다보니 세월의 속도가 빠르게 느껴진다는 것인데 공감이 됩니다. 그동안 해 보지 못한 새로운 일에 도전해보면 어떨까요? 그러면 세월의 속도가 조금은 느리게 느껴지지 않을까 싶습니다.

1925년 노벨문학상을 수상한 아일랜드 출신의 작가 버나드 쇼의 묘비명은 '우물쭈물하다가 내 이렇게 될 줄 알았다.'라고 적혀 있습니다. 우리 인생을 해학적으로 표현한 묘비명의 압권입니다. 우물쭈물하지 말고 적극적으로 인생을 경영해야 할 필요가 있습니다.

세상이 변하고 있습니다. 과거에는 노부모 부양은 자식들의 몫이었고, 노인들은 자녀들과 함께 사는 것을 당연하게 생각했습니다. 그러나 2013년 통계청 자료에 의하면 60세 이상 노인 73%가 자식들과 같이 살고 싶지 않다고 했습니다. 이것은 노후에 자유롭게 내 인생을 살겠다는 뜻으로 해석됩니다. 시대 변화에 적응하여 노인들 스스로 변하고 있음을 알 수 있습니다. 바람직한 현상이라고 생각합니다.

그러나 생각으로 끝나서는 안 됩니다. 구체적인 준비 없는 독립적인 노년기는 고통스러울 뿐입니다. 우리나라 노인들 대부분이 직면한 노년기의 삼고(三苦)는 가난, 질병, 고독입니다. 이 세 가지 고통을 이겨낼 수 있는 준비가 절실히 필요합니다.

산을 좋아했던 저는 학창시절 산악부에서 활동하면서 북으로는 설악산, 남으로는 한라산, 그리고 백두대간 등 지금까지 많은 산을 다녔습니다. 산은 사계절이 각각 다른 모습으로 다가오지만 눈 내린 겨울 산은 정말 아름답습니다.

산은 오르는 것도 힘들지만 내려오는 것은 더 힘이 듭니다. 멋지게 내려오고 싶지만 마음대로 되지 않습니다. 경사진 산길을 내려오다 보면 엉거주춤 이상한 자세가 불가피한 때가 많습니다.

우리 인생도 마찬가지입니다. 품위 있게 인생의 내리막길을 내려오기가 결코 쉽지 않습니다.

과거에는 노인이 존경을 받았지만 오늘날의 노인들은 혐오의 대상이 되어버렸습니다. 노인 혐오시대라고 해도 지나치지 않을 정도로 우리 사회 곳곳에서 노인들이 무시당하고 거부되고 있습니다. 이러한 현상에 대하여 사회 탓만 할 수는 없습니다. 왜 그렇게 되었는지 원인을 알고 대처할 수 있어야 합니다.

노년기에 접어든 가운데 사회 문제로 제기되는 노인기의 온갖 문제는 곧 나의 문제요, 우리 모두의 문제입니다. 이 책의 집필은 제 자신의 미래를 어떻게 경영할 것인가에 대한 고민에서 시작되었습니다. 노인의 문제를 사회나 국가에 떠넘기려는 분위기 속에서 노년기에 접어든 한 사람으로 스스로 문제를 풀어보려고 고민하며 노력해 보았습니다.

1장에서는 노년기의 어두운 현실을 살펴보았습니다. 노인 혐오시대를 맞이한 상황에서 노년기의 문제는 무엇인지 전반적으로 점검하고 좀 더 구체적으로 노년기의 빈곤, 고독, 질병, 노인 상대로 벌어지는 범죄 문제를 다루었습니다.

2장에서는 노년기의 빛나는 삶을 위한 방법들을 생각해 보았습니다. 100세 장수시대를 맞이하여 이 시대에 맞는 신(新)노인의 모습은 어떠해야 하는지, 어떤 정체성을 가져야 하는지, 자기 관리와 자기 계발은 어떻게 해야 하는지, 그리고 노년기의 일거리에 대하여 알아보았습니다.

3장에서는 노년기의 주요 과제를 다루었습니다. 노년기를 맞이하면 적극적인 죽음 준비를 해야 하고, 비움으로써 행복을 누릴 수 있어야 하는데 이를 위한 방법으로 물욕을 버리고 재산을 정리하는 방법과 홀로서기를 다루었고, 그리스도인의 입장에서 노후 준비보다 더 중요한 것이 무엇인지, 그리고 어떻게 아름다운 죽음을 맞이할 것인지 생각해 보았습니다.

저는 이 글을 쓰기위해 오랫동안 동년배의 친구, 지인, 이웃들을 관찰해 왔고, 그들과 많은 대화를 나누기도 했습니다. 하지만 이 책은 여러모로 부족합니다. 보고, 듣고, 느낀 경험을 위주로 썼기 때문에 주관적인 점이 강하게 느껴질 수 있습니다.

또한 제가 남성이기에 남성 중심으로 노년기를 언급했기 때문에 반쪽이라는 부족함이 있습니다. 그럼에도 불구하고 이 책이 노년기를 어떻게 보내야 할 지 고민하는 분들에게 조금이나마 도움이 되고, 노인 문제를 연구하는 분들에게 참고 자료가 될 수 있다면 보람을 맛 볼 수 있을 것 같습니다.

아름다운 노후를 꿈꾸는

Part 1

노년기의 어두운 현실

지금은 노인 혐오시대
노후 절벽에 매달린 대한민국
노년기의 빈곤
노년기의 고독
노년기의 질병
노인 상대의 범죄

지금은 노인 혐오시대

오늘의 노인들은 일제 강점기와 한국전쟁 등 고난의 시대를 통과하고 대한민국의 산업화 과정에서 정말 바쁘게, 열심히 살았던 분들입니다. 일 밖에 몰랐고, 자신은 못 먹고 못 입어도 오로지 자식들의 교육에 온 몸을 던졌습니다.

서양에서는 대학을 상아탑(象牙塔)이라고 하지만 한국에서는 대학을 우골탑(牛骨塔)이라고 부릅니다. 그 이유는 시골 농가에 가장 소중한 소 한 마리를 팔아서 자식의 등록금을 마련한 경우가 많았기 때문입니다.

UN에서 '노인의 권리'를 선언할 정도로 오늘날 중요하게 여겨지고 있는 것이 노인복지입니다. UN에서 선언한 '노인의 권리'는 공적 부조를 받을 권리, 주거에 대한 권리, 식품에 대한 권리, 피복에 대한 권리, 건강보호에 대한 권리, 정신건강에 대한 권리,

오락에 대한 권리, 노동에 대한 권리, 안정에 대한 권리, 존경 받을 권리입니다.

오늘의 노인 세대는 존경받을 권리가 있습니다. 그런데 구세대라는 반감과 비하와 혐오가 노인들에게 쏟아지고 있습니다. 우리 사회의 심각한 갈등 중 하나는 세대 간의 갈등입니다. 보수와 진보의 대립이 격해지면서 보수의 중심에 있는 노인들에 대한 극심한 반감이 노인 혐오 현상으로 나타나면서 세대 간의 갈등의 골이 점점 깊어지고 있습니다.

선거 때가 되면 으레 노인을 폄하하는 말들이 나옵니다. 존경을 받아야 할 노인들이 조롱과 혐오의 대상이 되어 있습니다. 사회 곳곳에 노인 차별이 만연하고 인터넷상에는 노인 관련 뉴스 댓글에 노인들을 비하하고 혐오하는 글들이 가득합니다. 노인 관련 뉴스 댓글에는 노인 혜택을 축소해야 한다는 글이 큰 호응을 얻곤 합니다.

어느 젊은이는 자신이 노인을 혐오하는 이유를 인터넷 게시판에 이렇게 적어 놓았습니다.

우리나라의 노인들은 젊은이에게 어떤 모습을 보이고 있나요? 나라 재정은 생각도 안하고 연금 달라 혜택 달라 요구만 하고 있고, 나라 미래는 생각도 안하고 내 집값만 오르면 된다고 친일파 대통령을 뽑고, 무조건 나만 좋으면 되고, 젊은 사람한테는 함부로 하고 막말하고, 다른 사람은 상관없고 나만 좋으면 된다는 태도를 일관하고 있지요. 한국 노인들이 좋은 모습을 보인 적이 단 한번이라도 있나요? 글쎄요. 저 같은 경우 나쁜 모습은 99를 봐왔고 좋은 모습은 1을 봤네요.

이 글은 극단적이기는 하지만 한동안 젊은이들은 노인들을 일컬어 꼰대라고 했습니다. 꼰대는 기성세대나, 늙은이, 또는 선생님을 지칭하는 은어입니다. 꼰대는 주로 권위적이고, 말이 안통하고, 자신의 잘못에는 한없이 관대하며 본인만 옳다고 생각하는 사람을 지칭하고 있습니다. 생각의 폭이 좁고 자아가 강하고 배려하는 마음이 부족한 노년의 모습을 돌아보게 하는 단어입니다.

그런데 요즘은 더욱 극단적인 은어들이 사용되고 있습니다. 벌레 같은 노인이라는 뜻의 '노인충'(老人蟲), 세금만 갉아먹는다는 뜻의 '세금충'(稅金蟲), 이런 은어들은 내용과 표현 모두 충격적입니다. 최근에 생겨난 '노슬아치'라는 신조어는 노인과 벼슬아치의 합성어입니다. 나이 먹은 것을 마치 벼슬처럼 여긴다는 의미입니다. 그리고 '틀딱'(틀니를 딱딱거린다)이라는 말까지 생겨났습니다.

과거에는 백발이 지혜의 상징이었으나 지금은 '젊어 보이십니다.'가 인사가 되었고, 나이 드는 것이 부끄러운 일이 되어버렸습니다. 노인들은 죄인 취급을 당합니다. 공공연히 젊음은 칭송받고 늙음은 폄하됩니다. 노인 혐오시대라고 해도 과언이 아닌 것 같습니다. 그러나 성경은 우리에게 이렇게 교훈합니다. "늙은이를 꾸짖지 말고 권하되 아버지에게 하듯 하며 젊은이에게는 형제에게 하듯 하고 늙은 여자에게는 어머니에게 하듯 하며 젊은 여자에게는 온전히 깨끗함으로 자매에게 하듯 하라"(딤전 5:1-2).

불과 반세기 전만해도 부모세대와 한 지붕에서 지냈고, 또 그 부모세대는 그 부모세대와 한 공간에서 지내며 대가족을 이루고 존경을 받으며 살았습니다. 그러면 왜 지금은 노인들이 배척을 당할까요?

무엇보다도 가치관의 변화에 기인합니다. 유교 사상에서 비롯된 노인들의 전통적인 권위가 이 시대의 젊은 세대에게는 오히려 반감으로 다가오기 때문입니다. 미디어가 양분화된 것도 거리감을 키운 원인입니다. 노년층은 신문·방송 쪽으로, 젊은층은 온라인으로 몰리며 세대 간 소통이 더욱 어려워졌습니다.

그리고 고용 갈등도 원인입니다. 장년과 청년이 일자리 다툼을 하고 있는 것도 세대 갈등에 일조하고 있습니다. "청년층이 올라갈 사다리를 기성세대가 걷어차고 있다." 20대에게 많은 공감은 얻은 이 글은 청년층이 기성세대를 어떻게 바라보고 있는

지를 극명하게 보여줍니다. 실제로 최근 뉴스에서 청년층의 취업률보다 노년층의 취업률이 앞섰다고 보도했습니다.

최근에 출간된 『나는 에이지즘에 반대한다』(원제 : This Chair Rocks)의 저자 애슈턴 애플화이트는 "연령차별(ageism)은 처음에는 타인에 대한 혐오로 시작되지만, 결국에는 자기 자신에 대한 혐오로 바뀐다."라고 말하고 있습니다.

그 누구도 세월을 거스를 수도 비껴갈 수도 없습니다. 젊은 사람도 머지않아 노인이 됩니다. 노인 차별은 결국 자신의 미래에 대한 차별입니다. 노인 혐오는 머지않아 부메랑이 되어 자신에게로 돌아옵니다. 그러면 어떻게 해야 세대 갈등을 풀 수 있을까요?

미국 미시간대학 연구팀은 2010년 4월 6일 국립과학원 회보에 나이가 들수록 사람들 사이의 갈등을 다루는 방법과 삶의 불확실성과 항상 존재하는 변화를 받아들이는 데 있어 젊은 층보다 현명하게 대처한다는 실험 결과를 포함하는 논문을 게재했습니다.

연구팀은 미시간 주에 거주하는 247명을 25세에서 40세, 41세에서 59세, 60세 이상 그룹으로 나눈 뒤 왜곡에서 나타난 갈등상황을 제시하고 결과가 어떻게 나올 것인지를 예측하도록 했습니다. 각 상황에 따른 응답을 타협추구, 유연성, 갈등해결 노력, 타인의 시각 인정 등의 항목으로 분류해 분석했습니다.

연구팀은 실험 결과 교육과 지능수준, 경제적 지위도 분명 현명한 판단을 내리는 데 중요한 요소로 작용하지만 사회적 분쟁에 있어 나이가 많을수록 분쟁 해결 능력이 예상보다 훨씬 뛰어나다는 점을 확인했다고 밝혔습니다.

연구팀을 이끈 리처드 니스벳 교수는 "나이 든 사람이 컴퓨터 등과 같은 전자제품에 대한 지식이 부족하긴 하지만 사회적 문제를 분석하는 데는 젊은 사람들보다 훨씬 뛰어난 것으로 확인되었다."라며 "연구 결과가 노인들의 사회 활동에 도움이 되길 바란다."라고 말했습니다.

"나이가 곧 지혜(Older and wiser Years bring wisdom)"라는 서양 속담이 있습니다. 우리나라에는 "어른 말씀 잘 들으면 자다가도 떡이 생긴다."라는 속담이 있습니다. 미시간대학 연구팀의 연구 결과는 이러한 속담을 입증하는 실험 결과였습니다.

노인이나 젊은이나 모두 이 사회와 국가의 구성원입니다. 각각의 역할이 있습니다. 서로를 인정해야 합니다. 노인들은 시대의 변화와 새로운 문화와 가치를 인정하고, 젊은 사람들은 노인들의 존재를 무시하지 말고 노인들의 위기 대처 능력이나 판단과 경험에 귀를 기울여 지혜를 얻을 필요가 있습니다.

솔로몬 왕의 뒤를 이어 그의 아들 르호보암이 왕위에 올랐습니다. 그러자 백성들은 "왕의 아버지가 우리의 멍에를 무겁게 하였으나 왕은 이제 왕의 아버지가 우리에게 시킨 고역과 매운 무거운 멍에를 가볍게 하소서 그리하시면 우리가 왕을 섬기겠나이다."(왕상 12:4)라고 요청했습니다.

왕의 노인 신하들은 백성을 섬기는 자가 되어 그들을 섬기라고 권면했습니다. 그러나 르호보암은 노인의 권면을 저버리고 젊은 신하들의 말만 듣고 그들의 주장만을 좇다가 나라가 갈라지는 비운을 겪었습니다.

우리는 오래된 가구(앤틱 가구), 오래된 책(古書), 오래된 친구(親舊), 오래된 장맛은 좋아하면서 노인의 소중함은 잊고 살아갑니다. 오히려 성가시게 여기기도 합니다. 그러나 노인을 공경하는 사람을 하나님은 귀히 여기시고 축복하십니다. 우리도 언젠가는 늙는다는 사실을 잊지 말고 부모를 공경해야 합니다.

우리 속담에 "한 부모는 열 자식을 거느려도 열 자식은 한 부모를 못 거느린다."라는 말이 있습니다. 왜 그럴까요? 부모는 사랑으로 자녀를 대하기 때문이고 자식들은 의무감으로 부모를 섬기려 하기 때문입니다.

옛날 시골에서는 닷새 만에 장이 섰습니다. 장날이면 나무를 지게에 지고 팔러간 아들을 기다리던 노모가 멀리서 아들이 오는 것 같으면 어머니는 좀 더 자세히 보려고 나무 위에 올라갑니다.

그 모습을 한자에서는 어버이 친(親)자로 묘사했습니다. 즉 설립(立)자 밑에 나무 목(木)자, 그리고 오른쪽에 볼견(見)자로 씁니다. 나무 위에 올라가서 집으로 돌아오는 아들을 그리워하며 바라보는 그 어머니의 애틋한 심정이 바로 어버이 친(親)자입니다.

그 모습을 본 아들이 너무 송구스러워 지게를 내려놓고 어머니를 집까지 등에 업고 갑니다. 그것을 한자에서는 효도 효(孝)자로 표시했습니다. 즉 늙을 노(老)자 밑에 아들 자(子)자가 있습니다. 어머니를 등에 업고 가는 모습을 효라고 본 것입니다.

효자와 불효자는 언제 알 수 있을까요? 늙으신 부모님이 걷지 못할 때입니다. 걷지 못하게 되면 서로서로 부담스러워 하고 효자 아니고는 모시지 못합니다. 한자의 효(孝)자를 여기서도 적용할 수 있습니다. 못 걷는 부모님을 업을 수 있어야 효입니다.

제가 전에 살았던 고양시에는 송강 정철의 유적지 송강마을이 있습니다. 송강은 35세에 부친상을 당하여 송강마을에서 3년간 시묘살이를 했고, 38세에 모친상을 당하여 또 다시 3년간 시묘살이를 하면서 효의 근본을 실천했습니다.

조선시대 가사문학의 거장 송강(松江) 정철은 서울 장의동에서 출생했지만 고양시 신원동에 부모님 묘소가 있어 10여년을 머물면서 풍류를 읊으며 많은 작품을 남겼습니다. 그 중에 가장 유명한 시가 부모님에 대한 효를 가르치기 위해 지은 '훈민가'(訓民歌)입니다. "어버이 살아 실재 섬길 일란 다 하여라 지나간 후면 애달프다 어이 하리 평생에 고쳐 못할 일이 이뿐인가 하노라."

조선시대도 아닌데, 몇 해 전에 돌아가신 아버지 무덤 옆에 움막을 짓고 3년 동안 시묘살이를 하여 〈인간극장〉으로 방영되어 화제가 되었던 분이 계신데, 그분이 저의 동네에 살고 있습니다. 그분은 방송 이후 초등학교를 다니면서 효에 대한 강연으로 한동안 바쁜 시간을 보내기도 했습니다.

요즘 시대에 효(孝)를 말하면 고리타분하게 생각합니다. 그러나 노인 문제의 근본적인 해결책은 효의 정신을 되살리는 것입니다. 우리가 실천해야 할 효는 부모님이 살아계실 때 잘 공경함으로써 평생 후회되는 일이 없도록 하는 것입니다. 성경은 이렇게 말씀하고 있습니다. "네 아버지와 어머니를 공경하라 이것은 약속이 있는 첫 계명이니 이로써 네가 잘되고 땅에서 장수하리라" (엡 6:2-3). 효는 부모에게도 좋고, 나에게도 좋은 일입니다.

노후 절벽에 매달린 대한민국

충(忠)과 효(孝)를 정치 이념으로 삼았던 조선 시대에는 노인의 권위와 지위가 대단히 높았습니다. 세종은 매년 가을이 되면 근정전(勤政殿)에서 친히 양노연(養老宴)을 베풀고, 왕비는 사정전(思政殿)에서 노파들을 위한 양노연을 베풀었습니다. 노인을 존경하는 시범을 보인 것입니다. 80세 이상 노인에게는 노인직이라는 벼슬을 내리고 특히 100세 이상 노인에게는 매년 연초에 쌀을 하사했으며, 술과 고기를 내리도록 제도화했습니다.

세종 16년에 직제학(直提學) 설순 등이 왕명에 의해 우리나라와 중국에서 군신(君臣), 부자(父子), 부부(夫婦)의 삼강(三綱)에 모범이 될 만한 충신, 효자, 열녀를 골라 그 행실을 그림으로 그리고 설명을 덧붙인 책이 『삼강행실도』(三綱行實圖) 입니다.

효행은 물론 물질적, 정신적으로 부모를 극진히 봉양한 사례, 부모가 병이 났을 때 간호한 사례, 부모가 위험에 처했을 때 부모를 구한 사례, 부모의 유해(遺骸)를 살아계실 때처럼 정성스럽게 모신 사례를 소개함으로 백성들을 교화하여 각 가정의 위계질서를 세우고 사회의 풍속을 아름답게 만들고자 했습니다. 그 후 양노연제도와 삼강행실도는 숙종 때 이르러 더욱 더 발전하게 되었습니다.

조선시대 이후에도 우리나라가 농업사회였을 때는 노인들이 존경받는 위치에 있었습니다. 그들의 인생 경험과 지식은 가치 있는 것으로 여겨졌습니다. 그러나 오늘날 노인의 지위와 역할은 과거와는 크게 달라졌습니다.

노년기의 문제를 다루기 위해서는 우선 노인 문제가 발생하게 된 원인부터 생각해보아야 합니다. 가장 큰 원인은 우리 사회구조의 변화입니다. 농경사회에서 산업화, 도시화를 거치면서 가정의 구조는 핵가족화 되었습니다. 이로 인해 과거에 대가족 체제에서 확고부동의 위치를 차지하던 할아버지, 할머니들의 존재가 미비해졌습니다.

사회 구조의 변화와 함께 가치관도 변화되었습니다. 전통사회에서는 노인에 대한 공경심도 높고 예의도 깍듯했었지만 요즘은 가족들 가운데서나 사회에서 노인의 위치가 저하되다 보니 덩달아 권위마저 떨어지게 되었습니다.

이에 더하여 인터넷, 디지털 시대의 도래는 노인들의 존재감을 바닥으로 떨어뜨렸습니다. 신명기 32장 7절을 보면 "옛날을 기억하라 역대의 연대를 생각하라 네 아버지에게 물으라 그가 네게 설명할 것이요 네 어른들에게 물으라 그들이 네게 말하리로다." 라는 말씀이 있습니다. 과거에는 젊은이들이 노인들로부터 지식과 정보와 경험을 전수받았습니다.

그러나 지금은 인터넷을 통해 모든 정보를 얻고 있기 때문에 굳이 노인들에게 물을 필요가 없습니다. 오히려 노인들이 자식이나 손자 손녀들에게 배우고 있습니다. 그러다보니 노인에 대한 공경심과 예의가 사라지고 있습니다.

그리고 의료기술의 발달이나 생활수준의 향상으로 인해 평균 수명이 연장됨에 따라 노인 인구가 급속하게 증가하게 되고, 노인들의 노후 문제가 사회의 문제가 되면서 젊은 사람들에게 노인들의 존재는 무겁고 귀찮은 짐처럼 여겨지게 되었습니다. 노인 공경을 말하기는 하지만 언젠가부터 노인을 대하고 섬기는 것이 형식적이고 의무적인 것 같다는 느낌을 받습니다.

고령화 사회가 진전되면서 노인의 고통 양상도 새롭게 변화되고 있습니다. 과거에는 부부의 '백년해로(百年偕老)'를 당연시했습니다. 그러나 요즘에는 노년기 이혼이 점점 증가하고 있습니다. 예전에 70세까지만 살아도 오래 살았다는 말을 듣던 시절에 자식들이 장성한 50대의 사이가 안 좋은 부부들의 마인드는 '정으로 30년 살았는데 10-20년만 더 버티면 누구 하나는 가겠지!' 하던 것이 요즘은 '마음에 안 드는 반려자와 30-40년을 더 살라고?'가 되면서 '남은 인생이라도 즐겁게 살자.'라는 생각으로 60대 이상의 황혼 이혼이 급증하게 되었습니다.

과거에 여성은 '결혼함으로써 남편의 재산 일부분을 자기영지(재산)로 분배 받고 남편의 신하가 된다.'라고 했습니다. 그러나 남편의 경제력이 없을 경우 이런 약속은 깨지기 쉽습니다. 자녀들의 교육과 혼사를 다 치른 노년층은 부모로서의 의무가 없어져 이혼 결정을 더 쉽게 할 수 있습니다.

과거에는 여성 노인들이 이혼 후 먹고 살 길이 막막해 이혼을 망설였습니다. 그러나 최근 들어 여성에게 인정되는 재산 분할 비율이 점차 늘어나면서 여성 노인들은 조금 더 편하게 결정을 내릴 수 있게 되었습니다. 경제력도 없는 남편 아래서 억압을 당하며 더 이상 고생하고 싶지 않다는 생각에 여성 노인들이 이혼에 더 적극적입니다.

노년기의 고통은 여성보다 남성 쪽이 훨씬 심각합니다. 여성들은 은퇴해도 부엌과 육아라는 확실한 자기 자리가 있습니다. 그러나 남성의 경우는 직장을 그만 두고 집에 돌아왔을 때 자신의 공간이 없는 현실에 직면하게 됩니다. 거실 소파의 한쪽 자리와 잠잘 때의 이불속 밖에는 자기 공간이 없습니다. 더구나 아내에게 생활비를 마련해 주지 못하면 그때부터 개밥의 도토리와 같은 신세가 됩니다.

따라서 가장들이 노년기에 하류층으로 몰락할 경우 황혼 이혼을 당할 수도 있습니다. 최근 황혼 이혼율이 결혼 4년 이내의 신혼부부의 이혼율을 앞서는 현상이 나타나고 있는 것이 이를 반증하고 있습니다. 부유층의 황혼 이혼은 재산분할 때문에 이혼하는 경우가 많고, 빈곤층의 황혼 이혼도 역시 경제적 이유 때문입니다.

일본에서는 노후 파산과 하류 인생이 사회 문제로 등장했습니다. 노후 파산이란 노후에 대한 준비가 충분히 안 된 상태에서 충분하지 못한 소득으로 인해 파산하게 되는 현상을 말합니다. 하류 노인은 말 그대로 노후 파산으로 인해 하류 인생을 살게 된 그들의 처지를 말하는 것입니다.

일본의 경우 노후 파산으로 고통 받는 상당수는 4년제 대학을 나와 회사에 다니던 평범한 샐러리맨이라고 합니다. 흔히 좋은 직장이라고 생각하는 상장 대기업 직원, 은행원, 공무원이었고 일정 금액의 연금소득 또한 갖고 있던 이들이었습니다.

젊은 시절 모아온 자산 대부분을 부동산 구매와 자식 교육에

써버렸습니다. 불의의 사고와 질병은 평균수명의 연장이란 복을 고통으로 바꾸어 놓았습니다. '이 정도면 충분히 준비되지 않을까?' 했던 상상은 망상이 되어버렸습니다.

하류 노인은 왜 문제가 될까요? 몇 가지 이유가 있습니다. 첫째는 부모와 자녀 세대가 함께 파산하기 때문입니다. 둘째는 고령자에 대한 존경심이 사라져 생명 경시 풍조로 이어질 수 있기 때문입니다. 셋째는 장래나 노후에 대한 희망을 갖지 못한 젊은 층의 소비 기피 현상이 이어져 경제 발전을 저해하기 때문입니다. 넷째는 저출산을 가속화시키기 때문입니다.

우리나라와 일본과의 차이는 10년이라는 말이 있습니다. 경제적인 격차를 넘어 사회 문화적인 격차 또한 그만한 격차가 있다고 합니다. 일본이 직면한 노후 파산의 문제가 한국 사회에도 다가올 날이 머지않은 것 같습니다.

지금 우리나라 중년층의 대부분이 근로 소득이 없는 퇴직 이후에 대한 대책을 마련하지 못한 상태에 있습니다. 노후에는 소득이 감소하지만, 소비 규모는 여전히 크기 때문에 경제적인 어려움을 겪을 수 있습니다. 그렇기 때문에 고령 인구의 삶의 질을 보장하기 위한 개인적 차원 및 사회적 차원의 준비가 절대적으로 필요합니다.

수많은 남자들이 준비 없는 은퇴로 인해 하류 노인의 나락으로 떨어지고 있습니다. 물질이 최고의 가치가 되어버린 이 세대에서는 모든 것을 오직 돈으로 말합니다. 늙어서 돈이 없으면 죽은 목숨이나 다를 바 없습니다. 그러므로 현역에 있을 때 이를 악물고 은퇴 이후의 월정 수입을 위해 준비해야 합니다. 지갑을 열어 돈을 주는 현역으로 있는 한 식구들은 가장을 존중합니다. 치사하지만 돈의 힘은 그렇게 막강합니다.

최근에 노인 문제를 해결하는 방법 중의 하나로 노인 기준 연령을 65세에서 70세로 상향 조정하자는 의견이 나오면서 65세 노인 기준 연령에 대한 논란이 일어나고 있습니다. 요즘은 60대 노인들이 노인 같아 보이지 않습니다. 노인 실태조사에서도 70세 이상을 노인으로 여기는 답변이 78.3%입니다.

이에 정부에서는 노인 기준연령 상향 조정을 추진하기 위하여 이에 따른 사회적 영향 등에 대해 연구용역을 진행하고, 공청회도 계획하고 있습니다. 우리나라 뿐 아니라 일본에서도 최근 노인 기준 연령을 65세에서 70세로 조정하는 노인 기준연령 상향 조정 방안을 검토 중입니다.

노인 연령 기준을 올려야 한다고 주장하는 쪽에서는 젊은 세대의 노인 부양 부담과 복지비용을 줄이고 경험이 풍부한 인력을 적극적으로 활용할 수 있다는 장점을 내세우고 있습니다.

하지만 노인 기준연령 상향 조정에 반대하는 쪽에서는 정년을 문제 삼고 있습니다. 현재 정년이 60세이고, 기업체에서 퇴직하는 연령이 49세인 상황에서 억지로 노인 기준 연령을 끌어올린다면 복지 혜택을 받지 못하는 노인들이 많아지면서 노인 빈곤율이 더 높아질 수 있다는 우려를 제기하고 있습니다.

현재 우리나라에서는 65세가 되면 양로시설이나 요양시설 입소나 지하철, 전철을 무료 이용할 수 있습니다. 그리고 고궁, 박물관, 공원 등 공공시설 무료 이용 또는 요금 할인이 적용됩니다.

노인 기준 연령을 상향 조정하려는 데는 두 가지 목적이 있습니다. 하나는 일하는 나이를 늘림으로써 저출산으로 인해 급격히 낮아지는 생산 가능 인구를 늘리려는 것이고, 또 하나는 연금 지급 시기를 늦춰 국가 재정 부담을 완화하려는 것입니다.

노인 기준 연령을 조정하는 것이 노인 문제를 해결하는 방법이 되려면 일하는 나이를 연장해야 합니다. 정년 연장 없이는 노인 기준 연령 조정은 별 의미가 없습니다.

최근에 우리나라의 70세 이상 노령 인구가 700만 명을 넘어섰습니다. 15세 이하의 연령층과 같은 숫자입니다. 그런데 일본은 우리나라보다 20년 앞선 1997년에 이미 우리가 겪고 있는 노인 문제에 직면했습니다. 이런 점에서 우리는 일본이 노인 문제에 어떻게 대처하고 있는지 예의 주시할 필요가 있습니다.

일본은 고령화 문제를 해결하기 위해서 노인의 경제 활성화에 나섰습니다. 1998년 60세 정년을 늘렸던 일본은 2013년에는 '고령자 고용안정법'을 개정해 정년 65세를 의무화했습니다. 일본 후생노동성은 2016년 4월 정년퇴직한 66세 노인을 재고용하는 기업을 대상으로 노인 한 명당 40만 엔(약 420만원)의 보조금을 지급하는 정책도 내놓았습니다. 그 결과는 일본 기업의 70% 이상이 65세 이상의 노인을 고용하고 있는 것으로 나타났습니다.

노인 기준 연령 조정은 사회적 합의가 이루어져야 할 사항입니다. 과연 노인 기준 연령이 바뀔 수 있을지 저도 무척 궁금합니다. 이것이냐, 저것이냐가 아닌 발상의 전환을 통한 새로운 대안도 필요하다는 생각을 해 봅니다.

노년기의 빈곤

부모는 자식이 내미는 그 손에 자신의 모든 것을 쥐어 줍니다. 그러면서도 부모는 자식의 손에 더 많은 것을 더 좋은 것을 주지 못하는 것을 안타까워합니다. 세월이 흘러 부모는 늙고 힘도 없고 이제 부모는 가진 게 없습니다.

과거에는 부모가 연로하여 생활 능력이 없을 때는 집안의 장남이 부모를 모셨으며, 장남이 여의치 않을 때는 능력 있는 자식이 봉양하는 것을 당연한 일로 받아들였습니다.

그러나 대가족 제도가 핵가족으로 바뀌면서 개인주의가 발달하고 생활양식이 변함에 따라 예전처럼 부모와 자식, 며느리, 손자들이 함께 어우러져 생활하는 것이 불가능하게 되었습니다. 자식들로부터 소외당한 노인들은 갈 곳을 잃고 빈곤의 늪에 빠지게 되었습니다.

저는 이 글을 쓰면서 동연배의 지인들에게 빈곤문제에 대해 질문을 해보았습니다. 어느 누구 한 사람 뚜렷한 답변을 하지 못했습니다. 저 역시도 뚜렷한 대안을 찾지 못하고 있습니다. 시달리는 박봉 속에서 살아왔고, 지금도 그렇게 살아가고 있는 실정이기 때문입니다.

인간의 수명이 길어짐에 따라 노인 인구가 많아졌으며 노인의 빈곤과 복지 문제가 심각한 사회 문제로 대두되고 있습니다. 우리나라의 노인 빈곤율은 OECD 국가 중 1위입니다. 노인 자살률도 1위입니다. 절대적 빈곤상태에 처한 노인들이 많다는 것이 우리나라의 높은 자살률의 가장 중요한 이유입니다. 세계에서 11번째 경제 대국이라고 자부하기에는 너무나도 창피한 노릇이 아닐 수 없습니다.

얼마 전 인터넷으로 신문을 보다가 70대 노 부부가 자살을 시도했는데 아들이 발견하고 경찰에 신고하여 목숨을 구했다는 기사를 보았습니다. 노인들이 스스로 삶을 포기하고 외롭게 죽어가는 오늘날의 세상은 '디스토피아(dystopia)' 세상입니다.

노년기의 빈곤 문제는 이제 단순히 개인의 문제가 아닙니다. 정부 또는 사회복지 관계자들은 더 이상 문제 제기만 하지 말고 대안을 제시하고 희망을 보여주어야 합니다. 하지만 문제는 노인 빈곤 문제를 해결할 방법이 그렇게 간단하지가 않다는 점입니다. 복지국가는 하루아침에 법 몇 개 만든다고 해서 될 수 있는 것이 아닙니다. 노인들을 위한 일자리를 만드는 것이 쉬운 일도 아닙니다. 그러므로 힘을 모으고 지혜를 모아야 합니다.

노인의 빈곤 문제가 어제 오늘의 일은 아니지만 앞으로 계속 이어지는 끊을 수 없는 고리라고 느껴집니다. 골목마다 손수레를 끌고 다니며 파지를 모으는 노인들을 흔히 볼 수 있습니다. 파지 모으는 일도 지금은 경쟁이 심하여 쉽게 주워 모을 수 없게 되었습니다. 저는 안쓰러운 마음에 파지나 헌 옷가지를 따로 모아 놓았다가 늘 지나다니는 분에게 건네주기도 했습니다. 하루하루 힘겹게 살아가는 노인들의 모습이 비참해보여 마음이 답답할 뿐입니다.

경제 대국인 일본에서도 노인 문제는 심각합니다. 생계가 어려운 노인들이 감옥에서 숙식을 제공받고 건강관리를 공짜로 누리기 위한 방편으로 범죄를 저질러 감옥을 선택하는데 그 숫자가 점점 증가하고 있다고 합니다. 남의 이야기로 들리지 않습니다. 우리나라도 노인의 범죄율이 높아지고 있음을 통계로 확인할 수 있습니다.

우리나라의 노인 빈곤 문제는 지금보다 앞으로가 더 문제입니다. 한국전쟁 이후인 1955-1963년 사이에 태어난 베이비부머들의 은퇴는 고령화 사회와 맞물려 있어서 심각한 사회 문제로 대두될 것이라는 예상이 지배적입니다.

자식들 공부에 올인 하느라 모아둔 재산도 넉넉하지 않고, 그마저도 집안에 우환이라도 생기면 가지고 있던 것 모두 쏟아 부어도 남는 것은 빚뿐입니다. 그렇다고 자식들로부터 경제적 도움도 받을 수 없고, 여기에 부모에 대한 부양까지 책임져야 하는 700만 명의 베이비부머들이 자신의 의지와 상관없이 은퇴의 길을 밟고 있기 때문입니다.

대부분의 사람들은 은퇴 이후 소득 없는 20-30년의 노후 기간을 보내야 합니다. 100세 장수시대가 악몽이 될 수 있습니다. 저도 국민연금을 수령하지만 그 돈으로 생활하기에는 턱 없이 모자랍니다. 지금은 국민연금이 정착되어 거의 모든 사람들이 가입한 상태이지만 베이비부머 세대는 상황이 다릅니다. 직장을 다니는 사람들은 시스템에 의해 국민연금에 가입을 했지만 어렵게 자영업을 하는 사람은 가입하지 못했습니다. 못했다기보다는 가입할 만한 여유가 없었습니다.

베이비부머들이 마주한 현실은 냉혹합니다. 이러지도 저러지도 못하는 상황에서 사람들은 노후의 삶에 대해서 막연히 어떻게든 되겠지 생각하며 현실을 외면합니다. 그러나 외면하기에는 너무도 심각한 현실입니다.

어느 부모이든 자식에게 부담주고 싶어 하지 않습니다. 그러나 대안이 없다면 결국 자식들에게 부담을 주게 됩니다. 경제적인 문제로 벼랑 끝에 몰리면 살아도 의미가 없습니다. 예견되는 비참한 노후의 삶에 직면하여 혹자는 오래 살고 싶지 않다고들 말을 하지만 죽고 사는 것이 내가 마음대로 할 수 있는 일이 아니기 때문입니다.

늙어서 돈이 없으면 죽은 목숨이라는 말은 극단적인 표현이긴 하지만 엄연한 사실입니다. 인생을 살아보면 정말 돈이 절실하게 필요한 시기는 바로 노년기임을 깨닫게 됩니다. 노인들이 의지할 수 있는 것은 사실 돈밖에 없습니다. 자식이 늙은 부모를 부양하는 시대가 아니기 때문에 더욱 그렇습니다.

수입에 한계가 있어 노후 준비를 할 수 있는 형편이 못된다면 지출의 우선순위를 다시 설정해야 합니다. 남은 돈을 저축하는 것이 아니라 저축한 나머지로 생활하는 습관을 길러야 한다고 하지만 그마저도 쓸 돈조차 없는 형편에 처한다면 우선순위가 무색해 지는 것입니다.

젊게 사는 노인들을 보면 기본적으로 경제적인 능력이 있는 사람들입니다. 그들에게는 자신감과 당당함이 있습니다. 돈이 있기 때문입니다. 그들은 먹는 것, 입는 것까지 아껴가며 노후를 준비한 지혜로운 사람들입니다. 그렇다고 누구나 다 그렇지는 못합니다. 65세 이상을 기준할 때 윤택한 노년을 사는 비율은 채

10%도 되지 않으며 오히려 어렵게 지내는 노인들이 압도적으로 많다는 것입니다.

그러면 어쩔 수 없이 빈곤을 받아들여야 하는 노인들은 어떻게 살아야 할까요? 현실에서는 답을 찾기 어렵지만 성경에서 그 답을 찾을 수 있습니다. 성경은 우리에게 자족하라고 말씀하고 있습니다. "우리가 세상에 아무 것도 가지고 온 것이 없으매 또한 아무 것도 가지고 가지 못하리니 우리가 먹을 것과 입을 것이 있은즉 족한 줄로 알 것이니라"(딤전 6:7-8).

수세식 화장실과 욕조와 샤워 시설 정도는 요즘 필수 품목이지만 지금으로부터 100여 년 전만 해도 유럽의 일부 왕후장상(王侯將相)이 아니면 감히 상상할 수 없었던 것들입니다. 조선 시대에 최고의 영화를 누렸다는 왕이나 비빈들까지도 궁궐 후원에다 차일을 쳐놓고 하늘을 지붕 삼아 목욕했습니다.

우리는 지금 그 옛날 어떤 특권계층의 사람도 누리지 못했던 영화(榮華)를 누리고 사는 셈입니다. 밟기만 하면 붕붕 날아갈 듯 치달리는 승용차를 감히 옛날의 진시황제인들 상상했겠습니까? 자동으로 부채질을 해주는 선풍기와 에어컨이 여름 더위를 무색하게 합니다.

얼마나 큰 행복입니까? 그러나 사람들은 만족하지 못합니다. 그렇기 때문에 성경은 "은을 사랑하는 자는 은으로 만족하지 못하고 풍요를 사랑하는 자는 소득으로 만족하지 아니하나니 이것도 헛되도다.”(전 5:10)라고 말씀하고 있습니다.

미국의 갑부 록펠러에게 어느 날 타임지 기자가 이런 질문을 했다고 합니다. “당신은 현재 가지고 있는 부유함에 만족하십니까?” 그는 아니라고 대답했습니다. 그 기자는 다시 물었습니다. “그렇다면 당신은 얼마만큼의 돈을 벌어야 만족할 수 있겠습니까?”

그때 록펠러는 “조금만 더!”라는 대답을 했답니다. 그는 현재에 만족하지 않고 많이도 아닌 조금 더 돈을 벌어야겠다는 아주 흥미로운 대답을 했습니다.

록펠러뿐만 아니라 대다수의 사람들은 ‘조금만 더’라고 욕심을 부립니다. ‘조금만 더’의 끝은 어디일까요? 사람의 욕심은 바닷물을 마신 사람의 갈증과 같아서 끝이 없습니다. 그러므로 욕심을 채우려 하지 말고 다스려야 합니다.

오늘날의 가난은 절대 가난이 아닙니다. 상대적인 가난입니다. 그렇기 때문에 다른 사람과 비교하지 말고, 높은 곳만 쳐다보지 말고, 자족할 줄 알면 얼마든지 행복할 수 있습니다. 가난은 조금 불편할 뿐이지 불행은 아닙니다.

50-60년 전 우리의 사정을 떠올려보십시오. 6·25 전쟁 직후의 우리의 삶은 어떠했습니까? 그리고 오늘과 비교해 보십시오. 얼

마나 잘 살고 있습니까? 저도 국민(초등)학교 시절을 시골에서 자라면서 많은 고생을 했습니다. 그때는 정말 어려웠습니다. 곡식이 부족해서 친구들과 뒷동산에 올라 진달래 꽃잎을 따먹고, 땅을 파고 또 파서 칡뿌리를 캐먹었습니다. 그리고 쑥이나 냉이 그 외에 이름 모를 나물들을 뜯어 먹었고, 냇가로 가서 뜰채로 고기를 잡아 어죽으로 배를 채우는 일은 그나마도 나은 편입니다.

당시 제가 다니던 초등학교에는 점심으로 제공되는 급식은 강냉이 죽과 강냉이 빵이었습니다. 어쩌다 덩어리로 된 우유가루를 풀어서 주는 날도 있었습니다. 그날은 환상적인 점심이었습니다.

잊어버렸던 그때의 기억을 떠올려 보십시오. 그리고 오늘의 우리 생활을 비교해 보십시오. 얼마나 잘 살게 되었습니까? 올챙이 시절의 기억을, 우리 기억의 깊은 곳에 묻어두었던 것을 끄집어 내서 지금의 행복을 만들어 볼 필요가 있습니다. 우리는 '조금만 더' 구할 것이 아니라 자족할 수 있는 은혜를 달라고 하나님께 기도해야 합니다.

노년기의 고독

고령사회로 접어들면서 여러 가지 이유로 가족들과 떨어져 사는 독거노인들이 급등하고 있습니다. 인간은 누구나 고독하지만 노년기의 고독은 생각보다 심각합니다.

젊었을 때에는 할 일이 많고 동분서주하며 바쁘게 살기 때문에 고독을 느낄 겨를이 없습니다. 하지만 아무 일 없이 하루 종일 집에서 혼자 시간을 보내야 하는 노년기가 되면 상황은 달라집니다.

오래 전 LA 타임지에 84세 된 어느 할머니의 편지가 소개된 적이 있었습니다. 그 할머니의 편지는 이렇게 시작되었습니다. "나는 외롭습니다. 나는 편지를 쓸 수 없기 때문입니다. 내 편지를 받을 대상이 없기 때문입니다. 내 아파트에는 아무도 찾아오는 사람이 없습니다. 내 생일을 기억해 주는 사람도 없습니다. 그래서 나는 우체국을 향하여 이 편지를 씁니다."

이 할머니의 편지 속에는 우표 몇 장과 1달러가 들어 있었습니다. 편지는 이렇게 계속되었습니다. "이 편지를 받는 분이 저에게 편지를 써 주실 수는 없습니까? 이 편지를 받는 분이 저에게 전화를 걸어 주실 수는 없습니까?"

무성하던 잎사귀들이 다 사라진 앙상한 겨울나무를 보면 외로움이 느껴집니다. 인생의 겨울인 노년도 외로움의 시기입니다. 노년기가 되면 교제하는 사람의 수가 현격히 줄어듭니다. 결혼한 자식들은 집을 떠나게 되고, 가지고 있던 직업에서의 역할 상실과 경제적 수입의 중단으로 인간관계는 점점 줄어듭니다. 그러면서 부부중심의 삶이 시작됩니다.

주변의 친척이나 친구들이 하나 둘씩 떠나가고, 심지어 배우자가 죽기라도 하면 인간관계의 줄이 끊어집니다. 이러한 인간관계의 끈들이 단절될 때마다 노년의 외로움은 깊어집니다.

가랑비가 추적추적 내리던 거리에서 갑자기 사람들의 비명소리가 들렸습니다. 나이 70쯤 되어 보이는 할머니가 자신의집 아파트에서 투신자살을 한 것이었습니다.

앰뷸런스가 와서 할머니는 곧 병원으로 실려 갔고 달려온 경찰들은 사람들을 해산시키고 자살 원인을 알아내기 위해 할머니의 아파트로 올라갔습니다. 실내는 온갖 고급 도구와 사치스런 장식품들로 이루어져 있었지만 왠지 썰렁한 기운이 느껴졌습니다. 이 정도 살림으로 보았을 때 경제적인 어려움은 아닌 것 같았습니다. 혹시 건강상의 이유나 불치병 때문일지도 몰라 주치의에게 전화를 걸었습니다. 하지만 주치의는 할머니가 나이에 비해 건강했다고 말했습니다.

고민하던 경찰은 책상을 뒤지다가 할머니의 작은 수첩 하나를 발견하게 되었습니다. 그 수첩을 보던 경찰은 놀랍다는 표정을 지었습니다. 그리고는 '바로 이것 때문이었군!'하고 혼잣말을 하며 고개를 끄덕였습니다. 할머니의 수첩에는 365일 동안 똑같은 글이 적혀 있었습니다. "오늘도 아무도 나에게 오지 않았음."

노년기에 접어들면 신체적, 심리적, 사회적, 정서적인 큰 변화가 일어납니다. 성숙형의 노인은 노화과정을 긍정적인 자세로 받아들이고 지나온 삶에 대해 만족감을 느끼며 여생을 적극적으로 보냅니다.

그러나 자신의 삶을 실패라고 단정 짓고 자신을 자책하고 후회와 비통함에 젖어 우울하게 보내는 경우도 있습니다. 그래서 노년기에 우울증과 같은 심리적 장애를 겪다보면 자살이라는 극단의 행동을 하게 됩니다.

우리나라 노인의 15%가 자살을 생각해 보았다고 합니다. 특히 설이나 명절이 지나면 자살을 시도하는 독거노인이 급증합니다.

TV에서 하루 종일 가족을 만나 반갑고 행복해하는 모습을 보다 보면 '나를 찾는 사람은 왜 없나, 살아서 무엇 하나'라는 생각에 쓸쓸함이 밀려와 극단적인 선택을 하기도 한다는 것 입니다.

올바른 생각을 해야 합니다. 생명(生命)이 귀한 것은 살라(生)는 하나님의 명령(命)이기 때문입니다. 하나님은 "너는 피투성이라도 살아 있으라 다시 이르기를 너는 피투성이라도 살아 있으라."(겔 16:6)라고 말씀하십니다. 피투성이라도 살아야 합니다. 생각을 바꾸어 남은 생애를 보람 있게 살아야지라고 마음먹어야 합니다. 그러면 '자살'이 '살자'가 됩니다.

연말연시 추운날씨가 계속되는 가운데 이웃을 위해 나눔을 실천하는 따뜻한 사람들의 이야기가 많이 들리지만 그에 못지않게 주위의 관심으로부터 멀어져 고독사하는 노인들의 이야기도 자주 들려옵니다. 몇 년 전 동연배의 지인이 추운 겨울날 동네 작은 쉼터에서 동사(凍死)한 일이 있었습니다. 그는 이웃과 어울리지 못하고 친구 없이 혼자 술을 마시고 잠들었다가 죽은 것입니다. 요즘은 고독사라는 단어가 생소하게 들리지 않습니다.

노년기의 고독을 이해하는 것은 그리 어렵지 않습니다. 우리는 노년기가 아니어도 개인주의, 핵가족 시대이기 때문에 누구나 고독을 느끼며 삽니다. 인간은 본질적으로 혼자입니다. 저 역시 때때로 혼자라는 생각을 할 때면 고독감에 빠지기도 합니다.

최근 보건복지부에 따르면 노인 6명 가운데 1명은 가족이나 이웃과 인사조차 못하고 고립된 상태로 지낸다고 합니다. 외로움, 고독함 때문에 하루 10명씩 스스로 목숨을 끊는 노인들이 생겨나고 있습니다. 이 같은 고독사 문제를 막기 위해 보건당국이 내놓은 해법은 '친구 찾기' 시범사업이었는데 참여한 노인들의 고독감, 우울감의 감소로 자살률을 낮추는데 큰 영향을 미쳤습니다.

노인들이 많이 거주하고 있는 중소도시 지자체들은 더욱 다양한 정책을 펼치고 있으며 생계비 지원, 난방비 지원 등 다양한 지원정책이 있지만 이 중 가장 효율적인 정책은 이웃들의 관심을 독거노인들에게 유도하는 정책이라고 봅니다.

현재 사회복지기관에서 말벗 서비스로 가정방문 봉사와, 전화 안부 서비스 등 여러 가지를 준비하여 실행하고 있지만 일반 시민들의 의식이 개선되고, 다 같이 노인 문제에 관심을 갖지 않는 한 일부 복지기관의 노력만으로 해결되기 힘듭니다.

교회가 노인들을 도울 수 있는 분야로서 가장 기여할 수 있는 분야는 영적, 정신적인 영역으로 노년기의 고독의 문제를 해결하는데 크게 기여할 수 있을 것입니다. 미래에 대해 불안해하고 쓸쓸해하는 노인들을 하나님께 인도하여 주님의 평안 가운데 쉼을 얻게 하고 영적 성장을 돕는 일은 시대적 요청인 동시에 교회의 본질적 사명(전도)이기도 합니다.

고독을 이기는 가장 좋은 방법은 종교 생활에 있다고 봅니다. 저는 오랜 전부터 교회를 다니며 신앙생활을 하고 있습니다. 교회에서는 나이를 불문하고 누구나 한 공동체의 일원으로서 가족 이상으로 서로를 소중하게 대하기 때문에 교회에 나가면 외롭지 않게 지낼 수 있습니다.

자식들은 노년기의 고독을 이해하고 우선 나의 부모님, 그리고 주변부터 살펴보아야 합니다. 내 부모 문제는 내가 책임져야 합니다. 내 부모를 내가 책임지지 않고 사회나 국가에 떠맡기려는 것은 정당한 처사가 아닙니다.

노인들은 스스로 고독에 빠지지 않도록 노력해야 합니다. 노년기가 아닌데도 인간관계의 폭이 좁고 고독하고 외로운 사람이 있습니다. 이런 사람들의 노년기는 극히 위험합니다.

독일의 염세주의 철학자 쇼펜하우어의 글 중에 '고슴도치 딜레마'라는 우화가 있습니다. 겨울이 닥치자 추위에 떨던 고슴도치 두 마리가 고민을 합니다. '서로 가까이 붙으면 체온을 나눌 수 있지 않을까 ….' 그러면서 서로 가까이 다가가지만 이내 상대방 가시에 찔려 상처를 입고 다시 떨어집니다. 그러자 또 추위를 견디지 못하고 온 몸이 얼어붙게 됩니다.

이러지도 저러지도 못하는 상황을 고슴도치의 딜레마라고 합니다. 혹시 내 주위에 함께 할 이웃이나 친구가 없다면 혹시 나에게 사람을 찌르는 가시는 없는 지를 생각해 보아야 합니다. 찌르는 가시가 있는 사람에게 가까이 할 사람은 아무도 없습니다.

흥미롭게도 고슴도치의 딜레마를 쓴 쇼펜하우어는 만나는 모든 이에게 독설을 퍼부었던, 그야말로 전형적인 가시 돋친 고슴도치였습니다. 그는 식당에서 식사할 때면 앞자리에 아무도 앉지 못하도록 2인분의 식사를 주문했습니다.

쇼펜하우어는 나이가 예순이 넘었어도 여행할 때에는 강아지를 데리고 다녔습니다. 왜냐하면 어디에 가서나 음식을 먹을 때 먼저 강아지에게 먹이기 위해서였습니다. 강아지에게 이상이 없을 때 그는 비로소 식사를 했습니다.

입만 열면 자기 자랑하는 사람, 불평불만을 달고 사는 사람, 혼자만 잘 난 줄 알아 시시콜콜 가르치려 드는 사람, 이런 사람들은 고립과 왕따를 당할 수밖에 없습니다. 노년기의 고독을 예방하려면 지금까지의 삶의 태도를 돌아보고 인간관계를 개선할 필요가 있습니다.

크로스비(F. J. Crosby) 여사는 우리가 애창하고 있는 수많은 찬송가의 작사자로서 유명합니다. 그녀는 어린 시절 질병으로 인해 시각장애인이 되었지만 노년에 이르기까지 그리스도 안에서 아름다운 열매를 맺는 삶을 살았습니다. 특히 인생의 황혼기에 이르러 그가 남긴 말은 심금을 울립니다.

나는 지금까지 수십 년 동안 명랑한 성격을 기르느라 애써왔습니다. 왜냐 하면 사람들은 나이를 먹으면서 성격이 변해 다른 이들과 잘 어울리지 못하는 경우를 많이 보아왔기 때문입니다. 그래서 오래전에 이런 결심을 했습니다. 절대 괴팍한 늙은이가 되지 않을 것이며 어디를 가든 늘 명랑한 사람이 되겠다고 말입니다. 원숙하고 풍요로우며 기쁨이 넘치는 노년기를 보내는 것이 나의 목표입니다. 사람들이 두려워하는 사람이 아니라 사람들의 사랑을 받는 노인이 되고 싶습니다.

인간관계가 부족하다고 느껴진다면 크로스비 여사처럼 결심하고 노력할 필요가 있습니다. 2016년에 방영된 tvN의 드라마 '디어 마이 프렌즈'는 이 시대 황혼들의 이야기를 전면으로 끌어내 호평 받았습니다. 드라마는 자녀에게 더 이상 노후를 의지할 수 없는 시대, 나이 들고 병들었을 때 옆을 지켜주는 것은 핏줄도 아니고 사랑도 아니고 의리로 뭉친 친구들임을 보여주었습니다.

외롭지 않은 노년기를 보내려면 친구관계를 중요시해야 합니다. 기쁨과 슬픔을 나와 같이 할 친구가 필요합니다. 나이가 들수록 친구의 존재가 점점 소중하게 느껴집니다. 이 글을 쓰면서 문득 친구가 생각나서 가까운 곳에 살고 있는 그에게 전화를 걸었습니다. 그 친구는 중학교 교감으로 지내다가 은퇴하여 무엇을 할 것인가를 놓고 심각하게 고민하고 있었기에 그 고민을 같이 나눌 수 있었습니다.

그리고 권위를 버려야 합니다. 노력해서 나이 먹은 것이 아니라면 나이 먹은 것을 내 세울 것이 없습니다. 모든 것을 다 아는 척 하지 말고, 아는 것도 모르는 척 보았어도 못 본 척 넘어 가야 합니다. 이것이 원만한 가족관계의 제1조입니다. 노인이라는 이름으로 젊은이를 책망하지 말아야 합니다. 젊은이의 생활양식이나 생각이 노인과 같다면 발전이 있을 수 없습니다. 젊은이들의 세계를 이해하고 받아 들여야 합니다. 이것이야 말로 노년기의 고독을 이길 수 있는 방법입니다.

노년기의 질병

우리 삶에서, 특히 노년기의 삶에서 가장 중요한 것은 건강입니다. 아무리 많은 재산을 가지고 있다고 할지라도 건강을 잃고, 이로 인해 맛이라고는 하나도 없는 당뇨식을 배달받아 먹어야 한다면 그 많은 재산이 무슨 의미가 있을까요.

요즘 사람들은 돈이면 뭐든지 가능한 줄 착각하고 있는데 돈으로 살 수 없는 것이 한두 가지가 아닙니다. 돈으로 좋은 약은 살 수 있어도 평생 건강은 살 수 없습니다. 돈으로 피(血)는 살 수 있어도 영원한 생명은 살 수 없습니다. 돈으로 맛있는 음식은 살 수 있지만 마음이 움직이는 식욕은 살 수 없습니다.

미국의 애덤스 대통령은 늙어서 지팡이를 짚고 다녔습니다. 어느 날 길을 가다가 숨이 차서 지팡이를 뒤에 대고 서서 쉬는데 지나가는 청년이 인사를 하면서 "대통령 각하! 안녕하십니까?"하고 물었습니다. 이때 애덤스는 "흠, 안녕하지 못하네! 대통령의 집이 다 무너져 가네!"하고 대답을 했습니다.

인사한 청년은 무슨 말인지 몰라 머뭇거리자 애덤스는 "내 집은 지붕이 다 벗겨지고 창에 구멍이 다 뚫어진데다 벽도 다 떨어지고 바람에 흔들려 넘어질 것 같아서 나무로 버티고 서 있다네!"라고 말했습니다.

청년은 더욱 의아해져 "아니 그것이 무슨 말씀입니까?"라고 물었습니다. 이때 애덤스는 "오! 자네 아직도 못 깨달았는가? 내 몸을 보게 이 육체는 다 쇠하여 지붕 같은 머리가 벗어져 대머리가 되고, 창구멍 같은 눈동자가 어두워 도무지 보이지 않을 뿐더러 근육은 다 파리하여져 말라버렸고, 뼈만 남아 넘어질 것 같아서 지팡이로 버티고 서 있지 않는가 말일세!"라고 말하며 웃음을 지었습니다.

애덤스는 쉬이 무너지는 인생을 비유로 교훈했던 것입니다. 누구나 늙게 되고 병들어 고생하다가 결국에는 육신의 장막이 무너지게 됩니다.

늙으면 점점 척추가 구부러지면서 키가 작아집니다. 저도 작은 키지만 더 작아진 것 같습니다. 몸의 균형도 잡기가 어려워 완벽한 자세를 취할 수 없습니다. 기억력도 떨어집니다. 꼭 그런 것은 아니지만 대개 정신이 오락가락 합니다. 늙으면 낙상하기도 쉽습니다. 아무리 조심해도 자주 일어나는 사고입니다.

어디 그 뿐인가요? 나이 들수록 피부색이 변하면서 팔자주름, 미간 주름, 이마, 목, 눈 꼬리 주름이 늘어나고, 치아가 하나 둘씩 빠져나가면서 틀니, 아니면 임플란트를 해야 합니다. 음식을 먹어도 맛이 없고 음식을 씹으면 입 밖으로 밥풀이 흘러내립니다. 뒤척뒤척 하다가 잠을 들지만 하루 밤에도 몇 차례씩 화장실을 오고 갑니다. 가늘고 작은 양의 소변을 보자니 시원하지가 않습니다.

아버지께서 잠시 보훈병원에 입원하여 계실 때 그곳에서 비뇨기과 의사로 일하는 사촌동생의 이야기를 들어보면, 찾아오는 대다수의 노인들은 비뇨기과 환자라고 합니다. 나이가 들면 점점 청력이 떨어지고, 그러다보니 목소리가 자연스럽게 커집니다. 청력을 잃는다는 것은 가족과 친구와의 대화가 어려워지고 자신의 감정을 표현할 수 없다는 것을 의미합니다.

저와 가까이 지내는 분이 있습니다. 그분은 사고로 청력을 잃어 보청기를 통해 소리를 듣지만 그마저도 잘 들리지 않는 관계로 대화하기에 많이 불편을 느끼고 있는 현실입니다. 그러다보니 더 큰 문제는 남의 말을 잘 들을 수 없다는 사실로 인해 주위로부터 무관심 혹은 소외의 대상이 기 때문입니다.

저의 아버지도 80세가 넘어서부터는 제대로 듣지 못하며 살았습니다. 알아듣지 못하니 아버지와 대화를 하려면 목이 아플 정도로 큰 소리로 말해야 했습니다. 나중에는 종이에 글을 적어서 소통을 해야 했습니다.

아버지는 명절이나 그 밖에 가족들이 모이면 식사만 마치면 쉰다는 핑계로 홀로 다른 방으로 가십니다. 그러면 자식들은 아버지로 인해 재미있게 웃고 떠들며 놀지도 못하고 잠시 머물다가 돌아가야 했습니다. 지금 생각해보면 소외의 대상이 되었던 아버지가 얼마나 외로웠을지 새삼 가슴이 아파옵니다.

우리나라 65세 이상 노인의 약 90%가 한 가지 이상의 만성질환을 앓고 있는 것으로 나타났습니다. 65세 이상의 남성 노인의 만성질환 유병률은 84.4%, 여성 노인은 95%로 여성 노인의 건강문제가 더욱 심각합니다.

대부분의 노인들이 관절염, 당뇨병, 천식, 백내장, 심근경색, 고혈압 같은 건강문제를 가지고 있습니다. 노인들에게 겨울철 불청객은 뇌졸중입니다. 뇌졸중으로 쓰러져 눕게 되면 그때부터는 남에게 의존하는 삶으로 변합니다.

저와 한 공동체에서 신앙생활을 하시던 할머니가 수년째 요양원에서 튜브를 통해 식사하며 생명을 연명하고 있습니다. 저는 할머니가 병원에 입원했을 당시 그리 오래 살지 못할 것 같다는 생각으로 장수사진을 만들어 전달한 일이 있습니다. 그런데 아직까지 살고 있는 모습을 보면서 무의미한 연명 치료보다는 품위 있는 죽음을 생각하게 되었습니다.

힘든 투병생활이 시작되면서 본인은 물론 가족들에게도 고통을 줍니다. 대부분의 사람들이 겪는 현상이지만 자식들이나 아내가 당신의 대소변을 받아 낸다고 상상해 보십시오. 얼마나 끔찍한 일입니까? 2-3일은 의무적으로 돌보겠지만 한 달, 두 달 혹은 1-2년 계속된다면 참을 수 없는 고통이 아닐 수 없습니다.

"돈을 잃으면 조금 잃은 것이고, 명예를 잃으면 많이 잃은 것이고, 건강을 잃으면 모든 것을 잃은 것이다."라는 말이 있습니다. 건강은 신체적 독립을 유지하고 개인의 일상생활을 영위하며, 개인의 삶의 목표를 추구하고 달성하는 데 필수적 조건입니다. 특히 노년기의 건강상태는 자립적이고 활기찬 노후 생활을 유지하는 데 필수불가결한 요소입니다.

그러면 우리나라 노인들의 건강 상태는 어떠할까요? 2015년 기준으로 우리나라 남자의 평균 수명은 78세이고, 여자의 평균 수명은 85세입니다. 1970년에 대비하여 한국인 평균수명은 대략 20년이나 연장되었습니다. 40년 사이에 20년 정도면 의학기술이 어마어마하게 발달되었다는 의미이기도 합니다.

오래 산다는 것은 질병을 안고 산다는 의미이기도 합니다. 한국인의 건강 수명은 71세입니다. 80세 이상일 때 3명 중에 1명은 암을 가지고 있다고 합니다. 또한 전체 노인의 70%가 한 가지 이상의 지병을 가지고 있다고 합니다. 부자가 아닌 이상 노후 생활에서 치료비는 무서운 복병입니다. 자신은 물론이고 가족 전체가 큰 재앙을 만나는 것입니다.

제가 속한 공동체의 일원인 70대 중반의 독거노인의 집을 방문한 일이 있습니다. 그분의 책상 앞에는 책 대신 약 봉투가 요일별로 벽에 붙어 있습니다. 날짜를 잊지 않고 복용하기 위해서라고 말합니다. 병원 근처의 약국에서 일하는 어느 분은 대부분의 노인들이 4-5가지 약을 동시에 복용한다는 말을 해주었습니다. 어쩌면 약으로 연명한다고 봐도 될 만큼 노인들은 많은 약을 복용하고 있습니다.

주변의 노인들이 한 사람 한 사람 노인성 질병으로 병원 신세를 지고 있습니다. 최근에는 86세의 할머니가 갑자기 찾아온 치매로 인하여 요양원에서 지내고 있습니다. 노년기의 삶을 가장 비참하게 만드는 것은 치매입니다. 치매에 걸려서 증세가 심해지면 인격파탄이 되어 인간으로서의 존엄성은 완전히 상실되고, 생명에 대한 존중감 마저 떨어집니다. 오죽하면 치매에 걸리는 것보다 암에 걸리는 것이 낫다고들 하겠습니까?

삶은 내 의지로 시작하는 것이 아니지만, 죽음은 의지가 있다면 언제든지 선택할 수 있는 여지가 있습니다. 만약 스스로가 죽음을 택하는 것이 삶을 택하는 것보다 나은 선택이라고 생각한다면 언제든지 존엄하게, 내 권리를 지키면서 죽음을 맞이할 수 있습니다. 이런 생각에서 비롯된 개념이 바로 '존엄사'입니다. 존엄사는 아직 찬반 입장이 대립하고 있는 상황입니다.

유교에서 말하는 오복(五福)은 수(壽), 부(富), 강녕(康寧), 유호덕(攸好德), 고종명(考終命)입니다. 고종명은 주어진 수명대로 살다가 자기 집에서 사랑하는 식구들 앞에서 임종하는 것입니다. 저의 아버지는 임종 5시간 전에 아들, 며느리, 손자들을 다 만나고 집에서 어머니와 함께 주무시다가 소천(召天)하셨습니다. 그러나 대다수의 사람은 그렇지 못합니다. 2014년을 기준으로 43만 명이 새로 태어나고 26만 명이 죽었습니다. 26만 명의 73%가 병원에서 임종했습니다.

전문가들의 증언에 의하면, 죽음을 앞둔 수많은 환자가 중환자실에서 고립되어 연명시술이란 이름 아래 무의식 상태로 고통스러운 검사에 시달리며 각종 의료기기와 튜브에 포위되어 사랑하는 가족들과 이별의 인사도 나누지 못한 채 세상을 떠납니다. 가장 비참한 임종입니다.

저는 감사하게도 건강 체질을 타고 나서인지 아직까지는 큰 질병으로 인해 병원을 찾아본 적은 없습니다. 다만 컴퓨터 앞에서 오랜 시간 일하는 관계로 시력에 관련된 비타민 종류의 약을 필요시에만 복용하고 있습니다. 건강은 건강할 때 지켜야 한다는 말이 있습니다. 나이 들어서 새로 시작할 수 있는 운동은 거의 없습니다. 결국 평소에 해 오던 운동을 계속하는 것이 가장 이상적입니다.

모든 의사들, 전문가들이 노인들에게 추천하는 최고의 운동은 걷기입니다. 젊어서부터 걷기 운동을 하는 경우 고혈압, 당뇨, 관절염, 심혈관 같은 대표적인 노인성 질환에 걸리지 않습니다. 걷기 운동은 돈도 들지 않지만 의지가 없으면 실천하기 어렵습니다. 직장에 다니면서도 한 두 정거장 미리 내려서 직장까지 걸어가고, 퇴근 때도 마찬가지로 꾸준히 걷는다면 건강한 몸으로 노후를 맞게 되며 걷기 운동도 계속할 수 있습니다.

정부에서도 노인들의 삶의 질을 높일 수 있도록 노인 복지의 틀을 바꾸어야 합니다. 아프게 된 후에 진료비를 대주는 치료 중심에서 건강을 잃지 않게 해주는 예방 중심으로 전환해야 합니다. 노인복지관 이용자는 8.8%로 노인 10명 중 1명꼴도 안 됩니다. 지자체들은 으리으리한 청사나 체육관, 경기장을 짓는 데만 골몰하지 말고 동네마다 노인들이 쉽게 이용할 수 있도록 소규모지만 실제적으로 활용이 가능한 노인 건강 시설에 초점을 맞추어야 합니다.

이제 우리는 장수의 개념을 물리적으로 수명만 연장되게 하는 것이 아니라, 인간으로서 존엄성을 가지고 살다가 아름답게 삶을 마감 지을 수 있는 노년기의 삶으로 방향 전환을 해야 합니다. 인간다운 삶의 조건은 의식주의 해결과 스스로에 대한 자부심, 곧 자존감을 들 수 있습니다. 자존감을 유지하기 위해서는 최소한의 경제적 자립과 자식이나 이웃에게 의존하지 않고도 살아갈 수 있는 건강이 필수적입니다. 맹목적인 수명 연장보다 건강하게 오래 살기가 진정으로 추구해야 할 목표가 되어야 합니다.

노인 상대의 범죄

최근 미국에서는 노인을 상대로 한 강도나 절도는 지난 10년 동안 27%나 늘었다고 합니다. 노인이 범죄의 표적이 되는 것은 상대적으로 방어 능력이 취약해 그만큼 강탈하기가 쉽기 때문입니다. 이로 인해 노인들이 총을 사거나, 사격 연습을 하는 경우가 늘고 있습니다. 65세 이상 노인의 총기 소지율이 다른 연령대에 비해 훨씬 높았고, 사격 연습을 하는 노인 수도 지난 5년간 다섯 배나 증가했습니다. 힘없는 노인을 상대로 한 강도나 절도 사건이 급증하자 노인들이 자기 방어에 나선 것입니다.

우리나라에서는 노인들을 상대로 한 금전 갈취가 사회적 문제로 대두되고 있습니다. 노인들을 상대로 무료 관광, 경로잔치, 강연회, 경품당첨 등을 빙자한 물품강매 및 사기판매, 허위·과대광고 등이 기승을 부리고 있습니다. 고령화가 진행될수록 노인을 겨냥한 강력 범죄가 증가될 것으로 예상되고 있습니다. 노인들은 스스로 자신을 지켜야 합니다.

특히 노인들의 취약한 부분인 '보이시 피싱' 사기입니다. 노인들에게서 종종 사기를 당한 이야기를 듣고 있노라면 가슴이 답답해집니다. '지금 당신의 자식이 사고를 당해서 급히 돈이 필요하니 어디로 가져오라.'라는 등의 전화는 한 순간 부모의 마음을 움직이기에 충분한 사기극이 될 수 있는 것입니다.

저도 어머니에게 누가 이러 저러한 전화를 해서 돈을 요구하면 절대 속지 말고, 설령 죽었다 하더라도 그 이야기를 듣고 당황하지 마시라는 당부를 드렸습니다. 진짜 사망했을 경우에는 경찰이 연락을 해 올 것이기 때문입니다.

최근에는 특히 여성 노인들을 대상으로 한 성범죄가 눈에 띄게 늘고 있습니다. 이른 아침 목욕을 마치고 귀가하던 노인을 술에 취한 30대 남성이 성폭행하려다 노인이 반항하자 폭행하여 숨지게 한 사건이 있었고, 잇따라 집에 혼자 있던 노인의 집에 침입해 성폭행 한 후 목을 졸라 살해한 사건이 발생했습니다.

노인의 성폭행 사건은 매년 증가하고 있습니다. 2015년에 비해 2016년에 노인 성범죄가 2배가량 증가했습니다. 노인들이 범죄에 매우 취약한 이유는 혼자 살고 있는데다 대항할 수 있는 힘이 없고, 젊은 사람들에 비해 지식이 부족하기 때문입니다. 혼자 사는 노인들은 정신적 고통이 커 후유증이 심각하다고 합니다.

최근에는 농촌의 부녀회 및 노인정을 방문하여 봄철 관광나들이 하는데 버스를 무료로 제공하겠다는 약속을 하고 사람들을 모아 특정업체를 방문하는 방법으로 일반식품과 건강보조식품을 노인성 질환에 특효가 있는 만병통치약인 것처럼 허위·과장 광고하여 수천만 원어치를 판매하여 부당이득을 취한 식품사범들이 극성을 부리고 있습니다.

이들은 대범하게도 주택가에 사무실을 얻어놓고 공연놀이, 경품제공 등으로 노인 수백 명을 불러 모아 단순식품인 'ㅇㅇ골드'를 노인성 질환인 관절염, 동맥경화, 간질환, 골다공증 전립성, 당뇨 등에 효험이 있는 만병통치약인 것처럼 속이는 방법으로, 노인들을 유혹하고 있습니다.

그 장소에 갔던 노인들은 경품으로 주는 화장지와 세정제 등을 하나씩 받고서 매일 출근하여 노인병에 대한 이야기를 듣고, 그 유혹에 빠져 작게는 수십만 원에서 많게는 수백만 원까지 하는 물품을 구입하고 구매서에 도장을 찍으면 신용정보관리회사에서 수금을 하는 방식으로 하여 지로영수증을 발부함으로써 자식들과의 불화의 원인이 되고 있습니다.

또한 이들은 별다른 놀이 공간이 없는 노인들에게 공연패의 공연 등 놀이 공간을 제공하는 것을 빌미로 노인들만 출입할 수 있도록 출입자를 통제한 후 노인들의 호기심과 시기심 등을 자극하고 평소 값싼 농·수산물을 나누어 주며 환심을 산 후, 연예인 공연 날짜에 맞추어 대규모로 할인행사를 하는 것처럼 대대적인 광고를 하여 집중 판매한 후 장소를 이동하는 수법을 사용하고 있다고 합니다.

제가 알고 있는 할머니도 작은 건강보조 기구를 나누어 주며 노인들을 현혹하는 곳에 다닙니다. 저는 그곳을 학교라고 합니다. 그 학교라는 곳은 노인들을 상대로 하는 행사장입니다. 저는 할머니를 만나면 오늘도 '학교 다녀오시는 길이세요.'라고 말을 합니다. 그곳에서는 자식이 부모와 함께 놀아주지 못하는 것을 공략합니다. 무료한 시간을 함께해 주고 어머님, 아버님으로 호칭하면서 효를 다하는 것처럼 행동합니다. 그러나 그것은 어디까지나 물건을 팔기 위한 술수일 뿐입니다. 대접을 받은 노인들은 미안한 마음에 고가의 물건을 구매하는 일들이 벌어지게 됩니다.

어느 노인은 안동포 수의를 미리 준비해 놓으면 오랜 산다고 하는 속임수에 넘어가 수십만 원에서 백여만 원이 넘는 수의를 사기도 했습니다. 그런데 그 수위는 안동포가 아니라 싸구려 중국산 수위였습니다. 이러한 사기 행각들이 주변에서 벌어지고 있습니다. 요즘은 대부분 자식들이 상조에 가입하여 장례를 치릅니다. 저 역시 상조에 가입하여 아버지의 장례를 치렀습니다. 상조에 가입하면 그곳에서 장례의 일체를 준비하기 때문에 이와 같은 일들로 사기를 당하는 일이 없었으면 하는 바람입니다.

한동안 농촌 노인들을 상대로 한 건강식품 판매 사기 등이 주를 이루었지만 최근에는 연금수령자 노인들을 대상으로 하는 범죄가 잦아지고 있습니다. 혼자 사는 노인들에게 접근하여 통장 비밀번호 등을 알아 낸 후 노인들이 집을 비운사이 통장과 도장 등을 절취하여 현금을 인출해 가는 일이 있는가 하면 노인들의 건강을 돌보아 준다며 침을 놓아 준 뒤 보석류나 현금 등을 절취해 가는 일도 일어나고 있습니다.

사회복지사로 가장한 여자가 한 연금수령자 할머니를 방문했습니다. 난방비 할인 혜택을 위한 현장 조사를 하러 왔다고 했습니다. 할머니는 집안으로 반갑게 맞이했습니다. 여자는 할머니에게 서류를 요청했습니다. 할머니가 다른 방에 가서 서류를 찾아왔지만 그것은 구실에 부과합니다. 여자는 서류를 확인하는 둥 마는 둥하다가 잘 됐다고 하면서 쏜살같이 나가버렸습니다. 얼마 후 할머니는 가방 속 지갑에서 돈이 없어진 것을 알게 되었습니다. 노인들을 상대로 한 사기 범죄는 그렇지 않아도 어려운 노인들의 생활을 더욱 힘들게 하고 있습니다.

노인이 되었어도 정신줄을 놓지 말고 스스로를 지키면서 살아야 합니다. 2009년 북 유럽 발트 해에 위치한 리투아니아에서 84

세 노인이 모조품 총으로 침입하는 도둑을 물리쳐 화제가 된 적이 있습니다. 어느 날 수건으로 얼굴을 가린 한 남자가 강제로 문을 부수고 들어왔습니다. 낯선 사람이 문을 부수는 소리를 듣는 순간 노인은 당황하지 않고 집안에 있던 총을 들고 들어오는 남자를 향해 겨누었습니다. 이 장면을 목격한 도둑은 그만 줄행랑을 쳤습니다. 그런데 이 총은 전혀 사용할 수 없는 총이고, 그냥 장식물로 집에서 보관해오던 모조품 총이었습니다.

위기 상황에서 정신만 바짝 차리고 대응한다면 그 위기를 면할 수 있음을 새삼스럽게 일깨워주고 있습니다. 주변에서 도와 줄 사람이 마땅치 않은 요즘 같은 세상에서는 노인들도 스스로를 지켜야 합니다. 리투아니아의 84세 노인처럼 정신을 바짝 차리고 위기에 대처하는 마음이 필요합니다.

〈노인을 위한 나라는 없다〉(No Country for Old Men)라는 영화가 있습니다. 이 영화는 2007년 코엔 형제가 감독하고 토미 리 존스, 하비에르 바르뎀, 조시 브롤린 등이 출연한 미국의 범죄 스릴러 영화입니다. 2007년 타임지가 선정한 10대 영화 중 1위를 차지했고, 2008년 아카데미에서는 작품상, 감독상, 남우조연상, 각본상을 휩쓸었습니다. 그러나 우리나라에서는 흥행에 실패했습니다. 영화의 내용보다는 제목이 마음을 쓸쓸하게 합니다.

연약한 노인들을 대상으로 호주머니를 터는 사기꾼들, 선거 때만 되면 표를 의식하여 노인 복지를 공약으로 내세우는 정치인들의 모습을 보면서 이 나라는 노인을 위한 나라가 아니라 '노인을 이용하는 나라'라는 생각이 듭니다. 정말 노인을 위한 나라가 되었으면 좋겠습니다. 그렇다고 노인들만을 위한 나라가 아니라 세대와 세대가 함께 어우러져 화합과 일치를 이루며 상생하는 참된 복지의 나라를 저는 꿈꿔 봅니다.

그렇다면 정말 노인을 위한 나라는 없는 것일까요? 노인을 위하는 나라들은 우리 생각보다 많습니다. 영국에 본부를 둔 국제 노인 인권단체인 헬프 에이지 인터내셔널(Help Age International)에 의하면 노인이 살기 좋은 나라 1위는 스위스, 2위는 노르웨이, 3위는 스웨덴, 4위는 독일, 5위는 캐나다, 6위는 네덜란드, 7위는 아이슬란드, 8위는 일본, 9위는 미국, 10위는 영국입니다.

10위권에 든 국가 중에 아시아에 속한 나라는 유일하게 일본이었습니다. 그리고 태국이 34위, 베트남이 41위, 중국이 52위, 우리나라는 60위였습니다. 하위권에는 주로 아프리카 국가들이었으며, 꼴찌는 아프가니스탄이었습니다. 순위는 노인의 소득안정성과 건강상태, 취업가능성, 대중교통 편의성, 사회적 연결 정도 등 13가지 요소를 기준으로 산출되었습니다.

우리가 후진국으로 여기는 태국, 베트남, 중국보다 못한 60위라는 순위는 선진국으로서 발돋움하고 있는 시점에서 참으로 많은 것을 생각하게 합니다.

60위는 슬프게도 우리나라의 노인 복지가 아직 수준에 이르지 못했음을 의미하는 것입니다. 선진국은 곧 복지국가를 의미합니다. 선진국의 노인 복지를 잘 배우고 벤치마킹해서 우리나라가 노인들이 살기 좋은, 진정한 선진국이 되기를 소망해 봅니다.

노년기의 빛나는 삶

장수시대의 신(新)노인

한 때 99세까지 팔팔하게 살다가 2-3일 아프다가 죽기를 소망하는 숫자 '9988234'가 유행이 된 적이 있습니다. 고령화 시대를 맞이하면서 노년을 건강하게 보낼 수 있는 방법이 주요 관심사로 떠오르면서 '9988234'의 구호는 재미를 넘어 사람들의 마지막 소원이 되고 있습니다.

그러나 우리나라 사람들은 죽기 전 2-3일 아픈 것이 아니라, 평균 11년 동안 병을 앓다 사망한다고 합니다. 평소 건강 체질이셨던 저의 아버지도 7년 동안 신장투석을 하시다가 돌아가셨습니다. '9988234'는 지금 상황에서는 절대로 불가능한 일입니다. 60세에 은퇴를 해서 99세에 죽는다면 일 없이 근 30년을 살게 되는데, 그것도 80세부터 병을 앓다 죽어야 한다면 과연 오래 사는 것이 복일까요?

우리나라의 실버산업은 경제적 자립 능력을 가진 노인들에게 맞춰져 있습니다. 대부분 노인들에게는 그림의 떡입니다. 폐지(廢紙) 뭉치를 놓고 싸우다 다친 할머니 사례는 고령화 시대의 어두운 일면입니다. 하루하루 먹는 문제를 해결하기 위해서 폐지를 주우며, 외롭게 혼자 살아야 한다면 과연 오래 사는 것이 복일까요?

〈죽여주는 여자〉라는 영화가 있습니다. 윤여정 씨가 이 영화의 원톱 주연을 맡았습니다. 그녀는 극 중 탑골공원(파고다공원)에 노인이 몰리는 곳에서 드링크도 팔고, 몸도 파는 일명 '박카스 할머니' 소영 역을 맡았습니다.

제목이 '죽여주는 여자'인 까닭은 소영이 죽여주게 '잘하는' 여자이기 때문입니다. 이와 동시에 빈곤에 시달리고 노환에 고통받는 노인들의 목숨을 대신 끊어준다는 의미도 포함하고 있습니다. 어쩌다 중풍을 맞은 과거 고객(?)이 죽는 것조차 마음대로 못하는 신세가 되었다는 한탄을 듣고서 그의 인생을 대신 마감해 주면서 이상한 투잡이 시작됩니다.

이 영화를 본 연세대 세브란스병원 소아정신과 천근아 교수는 트위터에 "줄거리를 대략은 알고 있었지만 예상치 못했던 뜻밖의 지점들에서 울컥했고 내내 먹먹했다. 이재용 감독은 최근 한국 사회가 고민하고 풀어나가야 할 수많은 화두를 한꺼번에 다룬다. 많은 생각을 하게 해준 영화. 진심으로 감사하다."라고 소감을 올렸습니다.

지금도 탑골공원이 있는 지하철 1호선 종로 3가에 가면 술판이 벌어지고 서로 싸우고 힘자랑을 하는가하면 그 복잡한 틈을 타 '박카스 할머니'들이 단속을 피해 이리저리 눈치를 보며 호객 행위를 하는 것을 볼 수 있습니다.

폐지를 줍거나 몸을 팔지 않으면 당장 입에 풀칠할 걱정에 막막한 독거노인들, 빈곤에 시달려 질병 치료를 받지 못해 자살을 결심하는 외롭고 쓸쓸한 노년과 더불어 다문화 가정, 성 소수자, 장애인 등 영화가 주는 메시지는 들여다보고 싶지 않을 만큼 가슴 아프지만 그럼에도 불구하고 우리가 외면할 수 없는 현실입니다.

이재용 감독은 시사회 후 간담회에서 "백세시대가 과연 축복인지, 재앙인지 의문이 드는 시대"라고 말했습니다. 윤여정 씨도 역시 "모르고 죽었으면 하는 세상을 알게 됐다."라고 토로했습니다. 그러나 더 늦기 전에 반드시 공론화시키고 수면위로 올라와야만 하는 문제들을 영화는 다루고 있습니다.

100세 장수시대는 가진 자들에게는 축복일 수 있겠지만 가진 것 없고, 병들고, 준비되지 못한 노인들에게는 재앙처럼 느껴질 수 있습니다. 국가적, 사회적, 개인적으로 준비된 장수는 축복이지만 그렇지 못하면 모두의 고통입니다.

경제협력기구(OECD)는 65세 이상의 인구 비율이 7%일 때 고령화 사회, 14%일 때 고령 사회, 20%일 때는 초고령 사회로 구분하고 있습니다. 우리나라의 경우는 이미 2000년에 7.2%를 기록하면서 고령화 사회로 진입했습니다. 오는 2018년에는 14.3%로 고령 사회, 2026년에는 20.8%로 초고령 사회로 들어설 것으로 예상됩니다.

더 심각한 문제는 고령화의 속도입니다. 초고령 사회에 이르기까지 영국은 92년, 미국은 86년, 독일은 80년, 일본은 36년이 걸리지만 우리는 불과 26년 만에 도달할 전망입니다. 그만큼 빠르게 사회 전반에 충격파를 미치게 될 것으로 예상됩니다. 그야말로 실버 쓰나미가 밀려오고 있습니다. 하지만 대비할 기간이 너무 짧습니다. 그러다보니 '장수가 축복인 시대는 끝났다.'라는 말이 공공연하게 나오고 있습니다.

과연 우리는 '100세 장수시대'를 제대로 대비하고 있는지 점검해야 합니다. 100세 장수시대가 재앙의 시대가 되지 않도록 하려면 시급히 지혜를 모아 종합적이고 체계적인 대비를 해야 합니다. 노인의 문제는 강 건너 불이 아니라 발등의 불입니다. 우리의 문제입니다. 너도, 나도, 우리 모두 늙기 때문입니다. 문제가 있으면 답도 있기 마련입니다. 위기를 기회로 삼고 노력하면 100세 장수시대를 재앙이 아닌 복으로 받아들일 수 있습니다.

캐나다 퀸스대학 철학 교수 크리스틴 오버롤의 저서 『평균 수명 120세, 축복인가 재앙인가』를 보면서 단순한 희망사항으로 여겨져 웃고 말았습니다. 하지만 지금 우리 앞의 현실로 다가오고 있으며 보험사들은 100세 보험을 출시하여 앞 다투어 홍보를 하고 있습니다.

이러한 시대를 바라보면서 우선 노인들이 스스로 자신을 비하(卑下)하는 '늙은이'라는 말을 쓰지 말아야 합니다. 영어권에서는 늙은이라는 의미의 '올드(old)'보다는 존중의 의미를 담고 있는 '나이 지긋한'이라는 단어인 '엘더리(elderly)'를 사용하고 있습니다. 세계에서 세 번째로 평균 수명이 긴 홍콩에서는 노인을 오랫동안 푸르게 산다는 뜻으로 '장청인(長靑人)'이라고 부르고 있습니다. 우리나라에서도 뉴스나 신문 등에서 노인이란 말 대신 '시니어(siener)'라고 하고 있습니다.

장수의학 전문가 히노하라 시게아키(日野原重明) 박사는 "나이가 들어서도 얼마든지 건강하고 창조적인 삶을 펼칠 수 있고, 그렇게 돼야 한다."라고 주장하면서 이 같은 개념의 '신(新)노인'을 주창하여 새로운 사회운동으로 발전시켰습니다. 사람들은 노년기가 되면 우리 사회의 주역에서 물러나야 하는 것을 당연하게 생각하지만 노년기가 되어도 활기차고, 당당하고, 생산적인 삶을 살아야 합니다.

백발, 깊어지는 주름을 한탄하지 않고 노년을 오히려 담담히 맞이하여 의욕적으로 산 사람들도 많습니다. 영국의 위대한 정치가 글래드스톤은 83세에도 네 번째 수상에 올랐으며, 뛰어난 설교자 요한 웨슬리는 88세까지도 여전히 설교하고 전도하며 열정적으로 살았습니다. 미켈란젤로는 89세에 불후의 명작 '최후의 심판'을 그려 역사에 이름을 남겼습니다. 역사에 손꼽히는 4백 명의 인물 중 80%가 그들의 역동적인 생애를 58세에서 80세 사이에 살았다는 통계도 있습니다.

성경의 다니엘은 85세가 되었을 때도 마음이 민첩하였으며(단 6:3), 사자 굴에 들어갈 것을 알고도 조국의 해방을 위해서 날마다 창을 열고 예루살렘을 향하여 기도하던 사람입니다. 그의 이런 용기 있는 행동으로 인해 페르시아의 건설자 고레스는 유대인들을 석방시켜 본국으로 돌아가게 하는 제2의 출애굽의 역사가 이루어졌습니다.

인도 선교사로 유명한 스탠리 존스(Eli Stanley Jones) 박사는 말년에 자기의 체험을 근거로 노년기에 있는 사람들에게 다음과 같은 일곱 가지에 유의하면 나이가 들어서도 계속 성장할 수 있다고 권면했습니다.

첫째, 은퇴하지 말라. 둘째, 날마다 무엇인가 새 것을 배우려고 힘써라. 셋째, 누군가에게 친절을 베풀라. 넷째, 소극적이 되지 말라. 다섯째, 날마다 주변에서 무언가 감사할 조건을 찾으라. 여섯째, 육체적 활동의 쇠약에 신경 쓰지 말고 영적 활동을 더 많이 하라. 일곱째, 하늘에 쌓아 두라는 성경 말씀처럼 하늘에 그대의 행동, 남은 물질, 그대가 생각하는 정신적 유산을 쌓도록 하라.

미국을 비롯한 선진국의 노인들은 쌓아지는 자원봉사 인증 기록을 최고의 자랑으로 여깁니다. 그러면 우리나라 노인들은 어떨까요? 2015년 통계청 조사에 따르면 65세 이상 노인 자원봉사 참여율은 6.6%로 전체 연령대 봉사 참여율(18.2%)과 비교하면 10% 포인트 이상 낮습니다. 참여율은 2003년 5.6%, 2009년 5.3%, 2013년 6.2%로 큰 변화가 없었습니다. 한국 노인의 자원봉사 참여율은 다른 나라와 비교해도 낮은 수준입니다. 2013년 기준으로 미국은 24.4%, 영국이 41%, 독일은 26%였습니다.

우리나라 노인의 자원봉사 참여율이 저조한 것은 개인의 문제이기보다는 시스템의 문제로 볼 수 있습니다. 우리나라에서는 노인들의 풍요로운 삶을 뒷받침하는 인프라가 매우 부족합니다. 국가가 학생을 의무 교육시키듯이 이제는 노년 계층의 품위 있는 삶을 위해 교육 프로그램을 개발하여 제공해야 하고 자원 봉사할 수 있는 사회 시스템을 갖추어야 합니다.

고령화 사회 진입에 따른 노인 자원봉사 활성화 방안들이 모색되고 있는 상황에서 교회의 역할이 중요합니다. 그동안 교회는 그 어떤 단체보다 복지를 위해서 많은 일을 해왔습니다. 이제 교회는 당면한 노인 문제 해결에 더욱 적극적으로 참여할 필요가 있다고 생각합니다. 국가, 사회단체와 더불어 교회에서도 노년을 아름답게 보내는데 도움을 주는 일들을 찾아 주위의 어르신들을 섬기도록 힘써야 합니다. 교회는 큰 힘을 가지고 있습니다. 시설도 있습니다. 능동적이며 적극적으로 교회가 나서야 합니다.

이제 자신의 할 일을 다 했다고 일을 손에서 놓고 무료하게 시간을 보내며 뒤로 물러앉아 자식들에게 대접만 받겠다는 것이 옛 노인의 모습이었다면 이 시대에 어울리는 신(新)노인의 모습은 남을 위해 봉사의 삶을 사는 것입니다.

슈바이처는 아프리카에서의 오랜 봉사활동에 대한 공로로 1952년에 노벨 평화상을 수상했습니다. 그는 유럽을 방문할 때면 언제나 3등 객실을 이용했습니다. 사람들이 왜 그러냐고 물었을 때 그는 "4등 객실이 없어서요."라고 대답했습니다. 그는 자신의 명성에 아랑곳하지 않았고 늘 겸손하고 소박했습니다.

한번은 휴가 차 유럽으로 돌아왔을 때 그의 나이 83세였습니다. 언론 기관의 한 기자가 생각해보니 도저히 이해가 되지 않았습니다. '왜 저렇게 훌륭한 사람이 유럽의 편리한 문명 생활과 명성을 다 버리고, 더위와 질병과 흑인들과 극심한 고생만이 넘치는 그 암흑의 대륙에 가서 살아야 했던 것인가? 또 그가 적잖은 나이인데 아프리카로 다시 돌아가서 위험을 무릅쓸 필요가 어디 있을까?

그래서 그 기자는 슈바이처에게 왜 그런 암흑의 대륙에 갔으며 또 가야 하는지를 물었습니다. 그러자 슈바이처는 이렇게 대답을 했습니다. "나도 나를 구원해 주신 그리스도를 위해서 무슨 일인가를 해야만 했으니까요."

슈바이처는 1957년 라디오 강연과 신문 기고를 통해 핵무기에 반대하는 반핵운동을 하였지만 그의 주된 활동 무대는 여전히 랑바레네였습니다. 1957년에 간호사로서 자신과 함께 했던 부인이 사망하자 슈바이처는 아프리카에 머물며 다시는 유럽 땅을 밟지 않았습니다. 그리고 1965년 9월 4일에 그가 사랑하는 바흐의 음악을 들으면서 90세의 생애를 마쳤습니다.

온 인류를 위해 자신을 희생하셨던 예수 그리스도를 높이시어 모든 이름 위에 뛰어난 이름을 주신 하나님은 인류를 위해 부와 명예와 육신의 안락을 버리고 아프리카 오지에서 헌신한 슈바이처에게 만민 위에 뛰어난 이름을 주사 20세기의 성자, 아프리카의 성자로 불리게 하셨습니다.

슈바이처는 그의 회고록에서 이런 말을 남겼습니다. "나는 우리의 운명을 알지는 못하지만, 한 가지만은 확실히 알고 있습니다. 정말로 행복할 수 있는 사람은 오직 봉사란 어떻게 해야 하는 것인지를 끊임없이 탐구하여 깨달은 사람일 것이라는 점입니다."

슈바이처가 우리에게 가르쳐준 참된 행복의 길은 봉사하는 것입니다. 젊었을 때에는 먹고 사느라 정신없이 바쁜 나날을 보내게 되지만 노년기에 접어들면 시간의 여유가 생깁니다. 노년기는 남을 위한 봉사의 삶을 살 수 있는 가장 좋은 때입니다.

저와 함께 신앙생활을 하는 71세의 된 분이 있습니다. 그분은 문중에서 운영하는 노인요양원에서 일하고 있습니다. 그곳에 있는 할아버지, 할머니들에게 자신의 장기인 악기를 가지고 연주를 하며 재능기부를 하고 있습니다. 매일 노인들과 함께하며 그들에게 다가가 대화를 하는 모습 속에서 참 행복함을 보게 됩니다.

저도 몇 차례 노인들을 대상으로 자서전 쓰기와 미래 생활이라는 주제로 복지관에서 강의를 한 적이 있습니다. 강의 후 몇몇 분들이 덕분에 살아온 삶을 뒤돌아보고 삶을 정리하는 시간을 가졌다고 감사 인사를 하는데 보람을 느꼈습니다. 앞으로 저의 남은 인생이 얼마나 될지는 모르겠지만 저의 달란트를 가지고 봉사하는 인생을 살려고 합니다.

성경은 "늙은 남자로는 절제하며 경건하며 신중하며 믿음과 사랑과 인내함에 온전하게 하고"(딛 2:2)라고 말씀하고 있습니다. 노인들은 모든 것을 내려놓고 타인을 위해 절재하며, 신중하며 사랑과 인내가 있는 삶을 사는 정신을 가져야 합니다. 그래야 노년이 품위 있고 아름답습니다.

타인을 위하는 이타심(利他心)이 노년의 삶을 더욱 풍요롭게 하고 열정을 만듭니다. 자원봉사야말로 노년기 세대가 꼭 해야 할 소중한 생활입니다. 후배를 키워주고, 주변에 사랑을 나눠주고, 남을 위해 봉사하는 것이 100세 장수시대의 신(新)노인의 진정한 생활 자세라고 봅니다. 이런 건강한 노인들이 많을수록 우리 사회는 더욱 발전하고 활기차게 될 것입니다.

백발은 영화의 면류관

🍂 흔히 가지고 있을 때는 귀한 줄 모르다가 잃어버리고 나서 그 가치를 발견하는 경우가 많습니다. 그 중 한 가지가 젊음인 것 같습니다. 젊었을 때는 젊음이라는 것이 무엇인지 몰랐습니다. 그러나 나이가 들어가고 보니 젊음이 부럽습니다.

민태원 님은 이렇게 청춘을 예찬했습니다. "청춘 듣기만 하여도 가슴이 설레는 말이다. 청춘! 너의 두 손을 가슴에 대고, 물방아 같은 심장의 고동을 들어보라. 청춘의 피는 끓는다. 끓는 피에 뛰노는 심장은 거선(巨船)의 기관과 같은 힘이 있다.··· 보라, 청춘을! 그들의 몸이 얼마나 튼튼하며, 그들의 피부가 얼마나 생생하며 그들의 눈에 무엇이 타오르고 있는가? 우리 눈이 그것을 보는 때에 우리의 귀는 생(生)의 찬미를 듣는다."

청춘 예찬의 일부입니다. 젊은 사람들은 자신의 젊음에 대한 특별한 느낌이 없을 수 있지만 나이가 들면 젊음은 그 자체만으로도 아름답다는 생각을 하게 됩니다.

사람들은 나이가 들면 젊음을 부러워하며 늙어가는 것을 한탄합니다. '젊어 보이십니다.'라는 말을 좋아합니다. 사람들은 왜 젊어지고 싶어 할까요? 자연의 만물은 생성과 성장과 소멸의 과정을 겪습니다. 우리 인간은 자연의 일부이기에 이 법칙에서 예외일 수 없습니다. 그런데 사람들은 왜 늙음이라는 자연의 순리를 받아들이지 못하는 것일까요? 그것은 늙어가는 것을 인정하고 싶지 않아서 일 뿐입니다. 늙어 감을 아쉬워 할 필요가 없습니다. 아무리 겨울 추위가 매섭다 해도 봄을 이기 수 없는 것처럼 말입니다.

늙어 감을 아쉬워하는 이유는 노년의 정체성이 없기 때문입니다. 지금 우리 시대는 젊음이 최고의 가치이고, 나이든 것이 죄로 여겨지고 있습니다. 그러다보니 늙는 것이 추하게 생각되어 감추고 싶어 합니다. 오늘날 성형수술은 현대판 불로초입니다. 주름을 제거하고 얼굴의 구조를 바꾸고 몸매를 디자인 합니다. 죽음을 막지는 못하지만 성형을 통해 회춘(回春)하려 합니다.

젊음의 정신은 뒤로 한 채 외모만 젊게 하고 어색하게 젊음을 흉내 내는 것은 분명히 문제가 있습니다. 나이가 들어도 젊음의 활기를 지니고 청춘의 정신을 잃지 않는 것이 진정으로 아름다운 인생을 사는 것이 아닐까요?

온양문화원에는 은빛시니어 아코디언 봉사단이 있습니다. 80대 고령의 나이에 10kg의 아코디언을 메고 법원이나 요양원, 관공서 등 시민들이 찾는 곳이면 어디든지 달려가서 연주를 하며 봉사하고 있습니다. 그들이야 말로 진정한 가치 있는 노년의 삶을 즐기며 살고 있습니다.

어느 74세의 노인이 노년기 관련 블로그 포스팅에 이런 댓글을 달았습니다. "노인의 진정한 문제는 외모의 주름이 아니라 마음의 주름입니다. 마음의 주름을 펴면 육체의 주름도 펴집니다." 정말 공감이 되는 말입니다.

60대 후반의 지인은 나이 든 것을 아쉬워하지 않고 지금이 좋다고 합니다. 이분은 자신을 다스릴 수 있고, 유혹에서 자유롭고, 인생을 조망할 수 있고, 내면세계에 질서가 잡힌 노년기를 즐기며 밝고 맑고 환하게 살고 있습니다. 저와 같은 생각을 하고 있어서 무척 반가웠습니다.

이분들은 모두 건강한 노년기의 정체성을 가진 분들입니다. 그런데 주변을 둘러보면 건강한 노년 정체성을 가진 분들이 생각보다 그리 많지 않다는 것이 문제입니다. 주변의 사람들에게 질문을 던져보면 '그냥 사는 대로 살다가 죽으면 그만이지!'라는 말들을 합니다.

그러면 요즘 노인들은 어떤 정체성을 가지고 있을까요? '노인 팔자 개 팔자만도 못하다.'라고 말합니다. 그러면 왜 이런 말을 하는 것일까요? 노인들은 학교 갔다 오는 손주들을 눈이 빠지게 기다리고 있는데 그 아이들은 집에 오면 강아지에게 먼저 달려가고, 노인들은 아무리 아파도 다음날 아침에 병원에 데리고 가는데 강아지가 아프면 밤중에라도 동물병원에 데리고 갑니다.

물론 지극히 일부 노인들의 이야기이겠지만 오늘의 현실을 극단적으로 보자면 요즘 노인들은 애완견 보다 못한 취급을 받고 있다는 이야기 입니다. 이런 대접을 받는 노인들은 건강한 자기 정체성을 갖기가 어렵습니다. 그런데 인간관계는 상대적이기 때문에 탓만 할 수 없습니다. 저는 개인적으로 노인들이 무시당하는 데 대한 일차적인 책임은 노인 쪽이 더 크다고 봅니다.

제가 볼 때 노인들이 가정에서 괄시받는 이유 중 가장 큰 것은 무엇보다도 말이 많으며, 남의 얘기는 잘 듣지 않으면서 자기주장은 아주 강합니다. 그러다보면 어떤 일이 있을 때 의견을 물어도 자식들은 진지하게 반응하지 않습니다. 왜냐하면 이미 마음속에 정해놓은 계획을 인정받으려는 것인 줄 알기 때문입니다. 사람마다 정도의 차이는 있지만 이야기를 해보면 비슷합니다.

노인 대접을 받으려면 우선 입을 꽉 다물고 있어야 합니다. "웅변이 은이라면 침묵은 금이다."라는 격언도 있듯이 사실 침묵은 달변보다 더 큰 힘입니다. 마음에 안 들어도, 어설프게 보여도, 자식들이 주도적으로 해 나갈 수 있도록 뒤로 물러서야 합니다. 정말 필요할 때, 그것도 요청이 있을 때 경험과 지혜를 들려주고 의견을 말해야 합니다.

고부갈등은 결국 보이지 않는 주도권 싸움입니다. 그 갈등이 얼마나 심하면 며느리들이 시금치를 비롯해서 '시'자가 들어간 것이면 모두 싫어한다고 하겠습니까? 잔소리 하지 말고 주의 깊게 경청하고 낮고 부드러운 목소리로 짧게 말해야 합니다. 특히 자녀들이나 가족들에게 호감을 받는 가장의 목소리는 중저음의 목소리라고 합니다. 소통을 위해서는 다름을 이해하고 인정 할 수 있어야 합니다. 그리고 물러설 때를 알아야 합니다. 그것이 노년기의 현명한 처신입니다.

우리나라 노년의 이미지는 너무나도 부정적입니다. 그러다보니 노년에 대한 정체성 역시 부정적으로 왜곡되어 있습니다. 그러면 우리보다 고령화 사회 경험이 앞선 일본 사회에서의 노인 정체성은 어떨까요? 일본의 텔레비전 광고를 분석한 어느 연구결과의 결론은 일본 대중 매체는 노인을 다룰 때 무기력한 노인의 이미지보다는 적극적인 삶의 주체자로서의 이미지를 부여하고 있다는 것이었습니다. 이것은 우리나라의 노인 문제를 해결하는데 있어서 매우 중요한 단초(端初)를 제공하는 것입니다.

노인들을 무기력한 존재로만 간주한다면 노인들은 항상 사회 문제로만 간주되고 노인이 높은 비율을 차지하고 있는 고령사회는 그 자체로 사회 문제일 수밖에 없습니다.

노인에 대한 이미지는 노인 스스로 형성하는 것이 아니라 부여되는 것입니다. 인간은 자신에 대한 평가나 이미지를 다른 사람들이 어떻게 생각하는지 혹은 대하는지에 대한 태도나 기대에 따라 형성됩니다. 따라서 우리 사회도 노인에 대한 정체성을 새롭게 할 필요가 있습니다.

이 점에 있어서 대중매체의 역할이 중요합니다. 대중매체는 노인들에 대한 부정적인 고정관념에서 벗어나 적극적인 삶의 주체자로서의 노인 이미지를 만들어 낼 수 있어야 합니다.

이 시대를 살아가는 노인은 골프의 마지막 라운드 같은 시기에 접어들었더라도 생활 동기의 개발, 자기 책임, 자기 결정의 논리가 있어야 합니다. 특히 질병 없이 건강하게, 생활비를 자기가 해결하는 것이 곧 가정과 사회에 대한 책임을 다하는 것입니다.

나치 포로수용소에서 생존한 의학 박사이며, 의미심리학자인 빅터 프랭클은 "고통이나 운명을 의식적으로 받아들이는 것은 인간의 능력 가운데 큰 능력이다."라고 말했습니다. 은퇴 이후의 제2의 삶을 자기가 설정한 목표를 향해서 몰입하는 성취동기가 충만한 자유 의지의 노년이 되도록 개인과 사회가 함께 노력해야 합니다.

성경을 보면 노인에 대한 언급이 많습니다. "너는 센 머리 앞에서 일어서고 노인의 얼굴을 공경하며 네 하나님을 경외하라 나는 여호와이니라"(레 19:32), "늙은 자에게는 지혜가 있고 장수하는 자에게는 명철이 있느니라"(욥 12:12), "백발은 영화의 면류관이라"(잠16:31). 이처럼 성경은 노인의 정체성에 대해 긍정적으로 말씀하고 있습니다.

영국 영화 〈어바웃 타임〉이나 드라마 〈셜록〉을 유심히 보면 흰 머리 가발을 쓴 법조인들이 모습이 나옵니다. 영국의 법조인들은 재판할 때 흰머리 가발을 착용하는데 이 전통은 17세기부터 시작되었습니다. 법조인들이 흰 머리 가발은 쓰는 이유는 크게 두 가지입니다.

첫째는 익명성 때문입니다. 원고나 피고들이 판결에 앙심을 품고 보복 행동을 할 수 있음을 우려해 판사나 변호사에 대한 신분보장의 수단으로 하얀 가발을 쓰기 시작했습니다. 둘째는 상징성입니다. 흰머리 가발은 지혜롭게 공정한 재판을 하겠다는 의지의 표현인 동시에 국민들의 존경심을 이끌어내는 수단이었습니다. 백발은 감추거나 부끄러워할 일이 아닙니다. 오히려 흰머리는 인생의 경륜과 지혜를 가늠하게 하는 축복의 상징입니다.

아프리카의 현자(賢者)라고 불린 민속학자이자 소설가인 아마

두 함파테 바(Amadou Hampate Ba)는 1962년 유네스코 연설에서 "아프리카에서 한 노인이 숨을 거두는 것은 도서관 하나가 불타는 것과 같다."라는 유명한 말을 남겼습니다. 지혜가 축적된 노년은 존재 자체로서 빛나는 연령입니다.

노인에게는 긴 생애를 통해서 쌓은 경험과 경륜으로 미지의 지평을 열 수 있는 지혜와 명철이 있습니다. 무소유, 인생 관조, 외골수를 자제하는 균형 감각이 노년의 아름다움입니다. 노인들은 연륜에 대한 자부심을 가져야 한다고 생각합니다.

노년기의 아름다움은 용모도 아니고 부도 아니고 명예도 아니고 흐트러짐 없는 생활 자세에서 오는 여유, 그리고 당당함입니다. 저는 글을 쓸 때 어떤 주제가 정해지면 드라마에서 많은 영감을 얻고 답을 찾곤 합니다. 드라마의 이야기를 하면 누구나 쉽게 공감대를 형성할 수 있어서 좋습니다.

최근 방영된 주말연속극 〈월계수 양복점 신사들〉에서 양복점의 명장이었던 이만술 역을 맡은 신구 씨의 배역이 참 마음에 와닿았습니다. 한 가정의 가장으로서의 넉넉함을 보여주는 이미지는 노년기에 닮고 싶은 모델이기도 합니다.

노사연의 '바램'이라는 노래가 있습니다. 저음 허스키에 섞인 노사연의 애절함이 가슴 속으로 파고드는 노래입니다. 저는 뒤늦게 이 노래를 알고 듣게 되었습니다. 그 모습을 보고 있던 아내가 하는 말이 '아니, 그 노래를 이제 아느냐?'라고 의아해 했습니다. 노사연의 바램을 들은 수많은 여성들이 얼마나 공감하고 얼마나 깊은 심장의 진동을 느꼈을지 짐작이 갑니다.

가사 중에 "우린 늙어가는 것이 아니라 조금씩 익어간다."라는 내용이 있는데 마음에 깊이 와 닿습니다. 향기를 날리며 익어가는 아름다운 노년을 살고 싶습니다.

노년기의 자기 관리

시바타 도요 할머니는 2017년에 100세가 되었습니다. 도요 할머니는 자신의 장례비용으로 모아둔 100만 엔을 털어 99세가 되던 해 첫 시집 『약해 지지마』를 출판했고, 100만 부가 넘게 판매되었습니다.

배운 것도 없이 늘 가난하게 살았던 도요 할머니는 결혼에 한 번 실패 했고, 두 번째 남편과도 사별한 후 20년 가까이 혼자 살면서 너무 힘들어 죽으려고 한 적도 있었습니다. 그러나 도요 할머니는 그 질곡 같은 인생을 헤쳐 가며 100년을 살고 있습니다.

도요 할머니가 '아침은 올 거야'라는 시(詩)에서 이렇게 말하고 있습니다.

"혼자 살겠다고 결정했을 때부터 강한 여성이 되었어

참 많은 사람들이 손을 내밀어 주었지
그리고 순수하게 기대는 것도 용기라는 걸 깨달았어
'난 불행해 …' 한숨을 쉬고 있는 당신에게도
아침은 반드시 찾아와 틀림없이 아침 해가 비출 거야."

도요 할머니의 시(詩)는 고독과 외로움과 질병에 무너지기 쉬운 노년기 층의 사람들에게 잔잔한 감동과 함께 삶을 추스르는 힘과 용기를 북돋아주고 있습니다.

도요 할머니는 '화장'이라는 시(詩)에서는 이렇게 말하고 있습니다.

"아들이 초등학생 때 너희 엄마 참 예쁘시다
친구가 말했다고 기쁜 얘기했던 적이 있어
그 후로 정성껏 아흔 일곱 지금도 화장을 하지
누군가에게 칭찬받고 싶어서."

나이가 들면 점점 자신을 관리하는데 게을러집니다. 그러나 도요 할머니는 97세에도 화장을 하고 있다고 했습니다. 100세에도 불구하고 곱게 화장을 한 도요 할머니는 여전히 소녀처럼 예뻐 보입니다. 나이가 들수록 화장은 필수입니다.

제가 볼 때도 도요 할머니가 우아하고 고와 보이는 것은 화장을 했기 때문이 아니라 마음 관리가 되었기 때문입니다. 외모를 관리하는 것도 중요하지만 더욱 중요한 것은 마음관리입니다. 건강하고 우아하게 늙고 싶다면 자기관리를 해야 합니다. 자기관리의 핵심은 마음관리입니다. 비록 육체는 늙어갈지라도 마음은 늙지 말아야 합니다.

코미디언 번즈라는 사람은 고령의 나이에도 무대 활동을 했습니다. 그는 1996년 1월 20일에 100세를 맞았습니다. 그는 그날로부터 4주간 무대에 서도록 런던의 한 방속국과 계약을 맺기도 했습니다. 그는 이러한 말을 한 적이 있습니다. "늙는 것을 걱정하지 말라. 녹스는 것을 걱정하라."

육체보다는 마음에 녹이 슬지 않도록 사는 것이 장수의 비결이라는 것입니다. 그래서 그는 배역을 맡을 때도 언제나 자기의 나이보다 젊은 역을 맡으며, 또 평소의 생활에서도 나이보다 20년쯤 젊다고 생각하며 살아간다고 합니다.

그는 코미디언답게 이런 유머를 한 적도 있습니다.

"언제나 젊음을 간직할 수 있는 비결은 정직하게 살고, 천천히 먹으며, 충분히 수면을 취하고, 욕심을 품지 말며, 가끔 나이를 속여서 농담하며 살아가는 일이다."

또한 그는 우리가 새겨들어야 할 가치 있는 말을 했습니다.

"나는 저 세상에 이미 오래 전에 등록을 다 마쳐 놓았기 때문에 은퇴도 없고, 또 죽음이라는 것도 없다."

노년기를 활기 있게 살려면 젊은이들과 어울려야 하는데 젊은이들은 노인들을 기피합니다. 왜 그럴까요? 노인들이 말할 때마다 옛날이야기를 하기 때문입니다. 젊은이들은 노인들의 반복되는 고리타분한 이야기를 듣기 싫어합니다. 노인들이 자꾸 옛날이야기를 하는 것은 미래가 없기 때문입니다.

미국의 자동차 산업을 크게 일으킨 찰스 키터링은 80세가 넘어서도 새로운 기계를 발명하는 등 매사에 적극적인 생활을 했습니다. 83회 생일 때 그의 아들이 말했습니다. "아버지, 이제는 연구를 중단하고 좀 쉬시지요." 그러자 키터링은 "오늘만 생각하는 사람은 흉하게 늙는다. 나는 항상 미래를 바라보면서 오늘을 생활한다."라고 대답했습니다.

사람을 흉하게 늙도록 만드는 다섯 가지 독약이 있습니다. 그것은 불평, 의심, 절망, 경쟁, 공포입니다. 반면에 우아하게 늙어가도록 만드는 다섯 가지 묘약이 있습니다. 그것은 사랑, 여유, 용서, 아량, 부드러움입니다.

자식이 원하지 않으면 이래라 저래라 하지 말아야 합니다. 아무리 효자라도 간섭하면 싫어합니다. 무슨 일에나 함부로 참견하는 습관을 버려야 합니다. 마음에 들지 않아도 웃으며 받아들여야 합니다. 세상 모든 일이 내 뜻대로 되는 것은 아닙니다.

한번 한 말은 두 번 이상 하지 말아야 합니다. 말이 많으면 따돌림 받습니다. 비판을 삼가고 즐거웠던 기억만을 간직하고 괴로웠던 기억은 깨끗이 지워 버려야 합니다. 내가 가지고 떠날 것은 없습니다. 무엇을 남기고 갈 것인가를 생각해야 합니다.

도로시 파커(Dorothy Parker) 여사의 기도입니다. 그녀는 노년기에 품위를 지키기 위해 하나님께 이렇게 기도했습니다.

저를 항상 인도해 주시는 하나님! 이제 제 나이가 노년기에 접어들었습니다. 수다스럽게 말을 많이 하고 싶어 하는 욕망에서 저를 건져 주시고 무엇이던지 다 참견하고 싶어 하는 저의 호기심과 간섭하고 싶어 하는 마음을 자제하게 해 주소서! 주여! 저에게 참고 견디는 능력을 허락하시어 남의 얘기를 끝까지 들을 수 있게 해 주소서! 그리고 남의 잘못이나 단점을 지적하기 전에 저 자신의 잘못과 단점을 고칠 수 있는 지혜와 인내심을 갖게 해 주소서!

저의 두 눈을 크게 뜨게 하시어 인간과 세상사의 밝은 면, 어두운 면 그리고 좋은 점, 나쁜 점을 골고루 다 보게 하시어 공정하고 객관적인 판단을 할 수 있게 해 주소서!

주여! 저로 하여금 인생의 만년을 용서하고 베풀고 돕고 사랑하는 사람으로 살아 갈 수 있도록 해 주시고 가족, 친인척, 이웃, 친구들에게 사랑과 신뢰와 존경을 받는 필요한 존재가 되게 해 주소서!

아름다운 노년은 품위를 잘 지키는데서 유지될 수 있습니다. 나이가 들었지만 여전히 마음으로 존경과 공경을 받고, 자식들과 주변 사람들에게 늘 신뢰와 마음으로 의지가 되는 자리에 있을 수 있어야 합니다. 성경에서도 이렇게 기록하고 있습니다. "모든 것을 품위 있게 하고 질서 있게 하라"(고전 14:40).

노년기의 자기 관리는 쉽지만은 않습니다. 여건과 환경에 따라 변화되기 때문입니다. 흔히들 말합니다. 요즘 같은 빠르고 정확한 스마트 시대에 먹고살기도 바쁜데 예절을 따지고 품위를 따지며 살아야 하냐고들 합니다. 하지만 사회적 지위와 직업을 막론하고 아무리 시대가 변해도 품위는 있어야 합니다. 품위가 곧 자신의 얼굴이기 때문입니다. 특히 노년기의 품위는 자신의 삶의 질을 향상시키는 데 많은 기여를 합니다.

누군가와 대화를 할 때 항상 다른 사람이 나를 보고 있다는 생각으로 대화하고 행동하며 목소리의 크기나 어휘나 단어 선택에 조심해야하고 화를 내거나 푸념 또는 질투에 관한 이야기를 하지 말아야 하며, 대화 상대자의 곤란하고 구체적인 질문(수입, 치부,

가족들의 병환 등)은 삼가고 누군가에게 욕을 해도 안 됩니다.

우리는 종종 모임에서 이러저러한 이야기를 하다보면 꼭 어느 특정인을 비방하고 험담하는 일로 이야깃거리를 삼는 일들이 있습니다. 상대방에게 불쾌감을 주며 상처를 주고 치부를 드러내는 일들은 삼가야 합니다.

할아버지 할머니들이 손주를 안으면 아이들은 '할아버지 냄새나'라고 하는 소리를 합니다. 왜 늙은 사람에게는 냄새가 나는 것일까요? 노년기에 들수록 구강과 비뇨기관의 분비물 분비가 심해지고, 신체 대사 활동이 약해지기 때문에 체취가 심해집니다. 몸에서 분비하는 지방산이 점점 산화되어 과산화지질이 되는데, 이 물질 특유의 쉰내가 바로 노인 냄새입니다.

노인 냄새를 근본적으로 나지 않게 하는 방법은 없습니다. 하지만 줄이거나 느낄 수 없게 하는 방법들은 있습니다. 저도 나이가 들어서인지 베개에서도 냄새가 나고 조금만 청결에 신경을 쓰지 않으면 몸에서도 냄새가 나는 것 같은 느낌이 듭니다. 그래서 청결 유지를 위해 샤워나 목욕을 자주해 청결을 유지하면 특별한 냄새를 풍기지 않습니다.

첫째, 몸을 항상 깨끗하게 해야 합니다. 노폐물은 배설작용 및 땀샘을 통하여 배출되며 호흡기를 통해서도 배출 되는데, 이 냄새를 없애려면 항상 몸을 깨끗이 하는 것은 물론이고, 실내공기를 순환하여 숨을 쉴 때 나온 물질이 실내에 달라붙지 못하게 해야 합니다.

둘째, 의복을 자주 세탁해야 합니다. 젊은이 보다 더 자주 의복을 세탁하도록 하고 속옷도 매일 갈아입어야 합니다. 그리고 침구도 자주 세탁해야 합니다. 노인 방에서 나는 냄새의 상당 부분은 이 침구에서 난다는 것을 알아서 자주 세탁해야 합니다.

셋째, 의복과 침구를 햇볕에 소독해야 합니다. 노인이 있는 방은 햇볕이 많이 들수록 좋습니다. 햇볕만큼 탈취 소독작용에 효과 적인 것은 없습니다. 그래서 아파트 같으면 햇볕이 좋은날 의복이나 이불, 요 등 침구를 베란다에 내놓고 햇볕을 쪼이는 것이 좋습니다.

넷째, 운동을 해야 합니다. 노년에도 운동을 계속하면 우리 몸의 지방 대사과정에서 산화지방을 모두 에너지로 산화시킵니다. 운동으로 냄새원인이 생성되지 않게 하는 것이 좋습니다.

노인이 되면 대충 이러면 어떠랴 하면서 사는 것이 보통인데 그런 생각을 바꿔야 합니다. 노년을 멋지게 살아가려면 젊은이들보다 오히려 이러한 것에 더 신경을 써야 합니다. 노인 냄새는 부지런하면 어느 정도 잡을 수가 있기 때문입니다. 그래서 노년기에 더욱 품위 있고 가치 있는 삶을 살아갔으면 합니다.

노년기의 자기 계발

    세계에서 공식적으로 가장 오래산 사람은 1997년 8월 4일에 122년 6개월을 살고 세상을 떠난 프랑스의 잔 칼망 할머니입니다. 이 할머니가 90세가 되던 해에 47세 된 이웃집 사람이 이 할머니와 계약을 맺었습니다. 자기가 매달 2천 5백 프랑, 우리나라 돈으로 약 40만원을 할머니에게 주기로 하고 할머니가 죽으면 할머니의 집을 받기로 한다는 것이었습니다.

이 사람의 생각은 90세 된 할머니가 살면 얼마나 살겠나 싶어서 그렇게 한 것입니다. 그런데 잔 칼망 할머니는 10년이 지나고 100세가 되었는데도 죽지 않았습니다. 20년이 지나고 110세가 되어도 죽지 않았습니다.

그러다가 이웃집 사람이 먼저 죽었습니다. 30년을 기다리다가 77세에 자기가 먼저 죽었습니다. 결국 이 사람은 돈만 날리고 집도 얻지 못했습니다.

우리는 누가 먼저 죽을지 모릅니다. 인생은 오는 순서대로 가는 것이 아닙니다. 감나무의 땡감도 떨어지고 홍시도 떨어지기 때문입니다. 그렇다면 언제까지 계속될지 모르는 우리의 남은 생애를 어떻게 살아야 할까요?

나이가 들었다는 느낌이 들기 시작하면서 '지금 나이에 새삼스럽게 무슨 새로운 일을 …'이라는 생각을 하게 되었습니다. 그러던 어느 날 인터넷에서 보게 된 '어느 95세 노인의 후회'라는 글을 읽고 정신이 번쩍 났습니다. 동아일보에 실렸던 그 글의 내용은 이렇습니다.

나는 젊었을 때 정말 열심히 일했습니다. 그 결과 나는 실력을 인정받았고 존경을 받았습니다. 그 덕에 65세 때 당당한 은퇴를 할 수 있었죠. 그런 내가 30년 후인 95세 생일 때 얼마나 후회의 눈물을 흘렸는지 모릅니다.

내 65년의 생애는 자랑스럽고 떳떳했지만 이후 30년의 삶은 부끄럽고 후회되고 비통한 삶이었습니다. 나는 퇴직 후 '이제 다 살았다, 남은 인생은 그냥 덤이다.'라는 생각으로 그저 고통 없이 죽기만을 기다렸습니다. 덧없고 희망이 없는 삶…, 그런 삶을 무려 30년이나 살았습니다. 30년의 시간은 지금

내 나이 95살로 보면 3분의 1에 해당하는 기나긴 시간입니다. 만일 내가 퇴직을 할 때 앞으로 30년을 더 살 수 있다고 생각했다면 난 정말 그렇게 살지는 않았을 것입니다. 그때 나 스스로가 늙었다고, 뭔가를 시작하기엔 늦었다고 생각했던 것이 큰 잘못이었습니다. 나는 지금 95살이지만 정신이 또렷합니다. 앞으로 10년, 20년을 더 살지 모릅니다.

이제 나는 하고 싶었던 어학공부를 시작하려 합니다. 그 이유는 단 한 가지, 10년 후 맞이하게 될 105번째 생일 날, 95살 때 왜 아무것도 시작하지 않았는지 후회하지 않기 위해서입니다.

'어느 95세 노인의 후회'라는 글을 쓰셨던 분은 그때로부터 어학공부를 시작해서 공부의 즐거움을 누리다가 2015년 103세에 세상을 떠났습니다.

65세인 저로서는 '어느 95세 노인의 후회'가 남의 말처럼 들리지 않았습니다. 나이를 먹었다고 느껴지는 때가 되면 흔히 하는 말이 있습니다. '이 나이에 배워서 뭐하게!' 그러면서 점점 시대에 뒤처지게 됩니다. 아름다운 노후를 보내려면 학생으로 계속 남아 있어야 합니다. 배움을 포기하는 순간 우리는 폭삭 늙기 시작합니다. 후회 없는 삶을 위해서는 무언가 새롭게 시작해야 합니다.

미국의 낭만파 시인 롱펠로우(Henry W. Longfellow)는 백발이 될 때까지 열정적으로 시를 쓰고 후학을 가르쳤습니다. 머리카락은 유달리 하얗게 세었지만 또래의 친구들보다 훨씬 밝고 싱그러운 피부를 유지하며 활기찬 노년을 보냈습니다.

하루는 친구가 와서 비결을 묻자 이렇게 대답했습니다. "정원에 서 있는 나무를 좀 보게! 이제는 늙은 나무지! 그러나 여전히 꽃을 피우고 열매도 맺고 있지 않은가? 그것은 저 나무가 지금도 매일 조금이라도 쉬지 않고 성장하고 있기 때문이야! 나도 그렇다네!"

늙어 가는 것이 아니라 여전히 성장하고 있다고 생각하는 것, 그것이야말로 시인 롱펠로우가 나이에 기죽지 않고 영원한 청년으로 살 수 있었던 비결이었습니다.

나이가 들면 우리의 삶은 잠자는 시간, 밥 먹는 시간, 노는 시간이 거의 대부분입니다. 그 시간을 빼고 나면 정작 가치 있는 일을 한 시간은 몇 시간이 되지 않습니다. 가치 있는 일은 무엇일까요? 자기를 계발하는 일입니다.

성장을 위해서는 배움을 포기하지 말아야 합니다. '이 나이에 배워서 무슨 일을 하겠느냐?'라고 말하지 말아야 합니다. 계속 새 것을 배우고, 새 시대를 이해하고, 어떻게 하든지 새 시대에 뒤지지 않도록 힘써야 합니다.

'미국의 샤갈'로 불리는 해리 리버만(Harry Lieberman)이라는 화가가 있습니다. 폴란드 출신인 그는 9살 때 미국으로 와서 금융계에 입문하여 성공을 했고, 74세에 은퇴한 후 노인정에서 체스로 소일했습니다. 그러던 어느 날 체스 파트너가 약속을 어겨 혼자서 무료한 시간을 보내고 있었습니다. 그때 한 젊은 봉사요원이 말했습니다. "그림을 한번 그려보시지요."

리버만은 화실을 찾았고 그때부터 10주간 교육을 받고 놀라운 재능을 발휘했습니다. 그의 나이 81세 때의 일입니다. 마지막 삶을 더욱 풍요롭게 한 것은 그때부터라고 합니다. 화가 리버만은 일약 '원시의 눈을 가진 미국의 샤갈'로 불렸고, 그림은 불티나게 팔렸습니다. 그는 101세에 22번째 개인전을 가졌고, 103세에 삶을 마감할 때까지 그림을 그렸습니다.

그는 사람들에게 늘 이렇게 말했습니다. "내가 젊다고 생각하지 않습니다. 하지만 내가 늙었다고 생각하지도 않습니다. 다만 지금은 내 나이만큼 성숙하다고 말할 수 있습니다. 성숙이란 연륜과 함께 오기 때문입니다. 늙어서 할 수 없는 게 아니라 할 수 있다는 용기가 없는 것입니다."

나이나 신분이나 현재 처한 환경에 관계없이 자신에게 주어진 능력을 갈고 닦아 하루하루 최선을 다하는 삶이 진짜 인생입니다. 심장의 고동이 멈추기 전까지는 그 어떤 것도 너무 늦지 않았습니다. 다만 우리가 시도하지 않고 있을 뿐입니다. 지금이 가장 빠른 때입니다.

어느 날 퇴근길에 지하철 옆 좌석에 동연배의 남자분과 대화를 하게 되었습니다. 그분은 작은 메모노트에 빼곡히 적은 무언가를 열심히 보고 있었습니다. 슬쩍 메모의 내용을 보니 컴퓨터를 배우고 있는 것 같았습니다.

먼저 말을 걸었습니다. "선생님 컴퓨터를 공부 하시는가 봅니다." "네, 나이가 들어 배우는 것이 쉽지만은 않네요." 이렇게 대화를 하던 중 서로 고향이 같은 것을 알고 반가움에 악수를 나누고 이렇게 한참을 고향이야기를 하다가 "저는 글을 쓰는 사람으로서 현재 당면한 노년기를 주제로 글을 쓰고 입니다."라고 알리고, 노년의 배움에 대한 주제로 이야기를 나누게 되었습니다.

그분은 "배운다는 것은 즐거움도 있지만 자신에게는 트라우마가 있어 쉽지만은 않더군요."라고 말을 했습니다. 누구나 배우기 위해서는 용기와 인내를 가져야 합니다. 힘들기도 하지만 노년의 삶에 질을 높이기 위해서는 끝임 없이 학생이 되어야 한다는 이야기 나누며 헤어졌습니다.

'최후의 노후 준비는 은퇴를 하지 않는 것이다.'라는 말이 있습니다. 새로운 일자리를 얻어 가능한 평생 현역을 유지하는 것이 가장 든든한 노후 준비라는 말입니다. 이 말에는 양면성이 있습니다. 어쩌면 '평생 현역'에 대하여 '죽을 때까지 일하라는 것이냐?'라고 이의를 제기할 수도 있을 것입니다. 단순히 생계를 위해서라면 평생 현역이라는 것이 비참할 수 있겠지만 생계와 무관하게 일하는 즐거움을 누리라는 의미이기도 합니다. 저는 나이가 들어서도 일을 할 수 있다는 것에 무한히 감사하고 있습니다.

노후와 관련해서 최근 부각되고 있는 연관어는 '텃밭, 귀촌, 귀농'입니다. 이미 일본과 미국, 영국 등에서는 귀농이 1990년대 이후 하나의 트렌드로 자리 잡으며, 많은 수의 도시민이 농촌으로 이주하고 있습니다.

노년기를 농촌에서 보냈을 때, 가족관계, 정신적 건강, 신체적 건강이 향상되었다는 조사 보고도 있습니다. 귀농했다고 무조건 성공하는 것은 아닙니다. 교육도 받고 미리 준비하여 전문성을 갖추어야 합니다. 그러면 귀농은 훌륭한 노후 준비가 될 수 있습니다.

저는 녹슬지 않는 노년기의 삶을 위해 은퇴 없이 일하려고 건강관리에 힘쓸 뿐 아니라 끊임없이 배우려는 노력을 하고 있고, 즐거운 노후생활을 위해 취미 생활을 다양화하고 있습니다. 정서적 안정을 위해 지속적으로 음악을 듣고, 수시로 칼럼을 써서 책을 내고, 출장이나 여행을 갈 때면 명소를 찾아 사진을 찍고 있습니다. 언젠가 조촐하게나마 지금까지 찍어온 사진들을 전시하고 싶은 소망이 있습니다.

일에 지친 사람들은 간혹 무위도식의 세계를 꿈꾸며 여행을 다니면서 신선노릇하고 싶어 합니다. 그런 사람들을 위한 웃자고 하는 이야기가 있습니다.

한 게으름뱅이가 죽어서 천국으로 갔습니다. 그곳은 한없이 아름다운 풍경이 펼쳐져 있고, 맛있는 과일과 음식들, 원한다면 무엇이든지 들어주는 비서가 있었습니다. 늦잠을 자도 잔소리하는 마누라도 없었고, 일을 못한다고 구박하는 직장 상사도 없었습니다. 그 사람은 행복에 겨워 소리쳤습니다. "아, 진작 죽어서 이곳으로 왔어야 하는 건데 …."

그런데 차츰 세월이 가면서 그는 이 생활이 지겨워지기 시작했습니다. 아무 것도 할 일이 없었습니다. 호의호식하는 나날에 점점 살은 찌고 피부는 윤기로 반짝였지만 되풀이되는 일상에 짜증이나 죽을 지경이었습니다. 그는 천사에게 부탁했습니다. "심심해서 못 견디겠으니 내가 뭐 할 일이 없을까요?"

그러자 천사는 눈을 깜빡이며 말했습니다. "그건 곤란합니다. 이곳에서 당신이 할 수 있는 일이란 아무 것도 없으니까요." 그는 화가 나서 소리쳤습니다. "천국이 뭐 이래? 지금 나는 답답해서 몸살이 날 지경이란 말이오. 이렇게 지낼 바엔 차라리 날 지옥으로 보내주시오." 그러자 천사가 놀란 듯 되물었습니다. "아니, 그럼 당신은 이곳이 천국인 줄 아셨습니까?

일 없이 놀고먹는 것이 좋은 것이 아닙니다. 성경은 "누구든지 일하기 싫어하거든 먹지도 말게 하라."(살전 3:10)라고 말씀하고 있습니다. 벤자민 프랭클린은 "일하는 농부는 앉아 있는 신사보다 귀하다."라고 했고, 워너메이커는 "나는 일하기 위해서 태어났다는 사실을 자각(自覺)하는 사람은 행복한 사람이다."라고 했습니다.

영화배우 찰리 채플린(Charlie Chaplin)은 말년에 "일하는 것이 바로 사는 것이다. 나는 살고 싶다."라는 말을 했습니다. 그는 죽은 순간까지, 마치 연기가 자신의 숙명이라도 되는 것처럼 손에서 내려놓지 못했습니다. 이것이 우리 시대가 채플린을 기억하는 이유이기도 합니다.

노년기에 접어들면 늙는 것을 걱정하지 말고 녹스는 것을 걱정해야 합니다. 저도 이제 막 노년기의 문턱에 들어섰습니다. 그렇지만 배우는 일을 계속하고 있습니다. 끊임없는 자기 계발을 통해 계속해서 일하고 싶습니다. 정말 마지막까지 열심히 살다가 닳아서 없어지는 인생이 되고 싶습니다.

노년기의 일거리

꿈같이 여겨지던 100세 장수시대가 성큼 다가왔습니다. 그러나 현실은 잿빛 장수시대입니다. 우리나라 노인들의 가장 현실적인 고민거리는 노후빈곤입니다. 빈곤에 허덕이는 '하류노인'이 사회적 문제로 대두되고 있습니다. 통계청과 금융감독원, 한국은행이 발표한 '2016년 가계금융 복지조사'에 따르면 65세 이상 노인층 빈곤율은 46.9%입니다.

퇴직 후에 생계를 책임져야 하는 노인들이 선택할 수 있는 일자리는 경비원, 세차원 등 기존 경력과 무관한 저임금 직종인 경우가 많습니다. 저의 주변에는 65세에서 70세 중반까지의 사람들이 일거리를 찾아 하루하루를 치열하게 살아가고 있습니다. 그 흔한 주유소 알바도 자리가 없어 구하기가 힘들고, 편의점의 알바는 젊은 사람의 몫이 된지 이미 오래되었고, 그나마 건강이 허락하는 사람은 지하철 택배에서 일하고 있지만 그 또한 자리가 쉽지는 않습니다.

정부에서 매월 나오는 노령연금으로는 한 달을 버티기 힘이 듭니다. 그나마 세상에 믿을 것이라고는 매달 꼬박꼬박 나오는 노령연금 밖에 없습니다. 이러한 이유로 노인들은 숨을 거둘 때까지 돈에 대한 집착은 젊은 사람 못지않습니다. 그들의 일상에서 돈이 생기는 일은 무조건 하지만 그것마저도 일자리는 구하기가 힘들다는 사실입니다.

일을 한다는 것도 신체와 정신이 건강하고 삶의 의욕이 있는 사람에 국한되는 것입니다. 일자리가 있어도 환경에 적응할 수 있는 능력과 순발력이 생산성에서 너무 떨어지기 때문입니다. 노인들이 지니고 있던 기술, 지식, 특별한 기능성도 급격히 변하는 IT산업에 밀려 도태되고 있어 노인들에 대한 긍지와 자부심 또한 없어지거나 초라해지기 마련입니다. 그런데 더 심각한 것은 첨단 기술과 정보화 사회, 경영 혁신이 만들어낸 풍요는 인간의 삶을 풍족하게 만드는 것이 아니라 도리어 일자리를 사라지게 만들고 있습니다. 로봇산업에 밀려 20년 후에는 일자리의 절반이 사라진다는 이야기를 〈KBS 명견만리〉에서 방영한 바 있습니다.

이러한 노년기의 현실을 직시하고 노년기를 앞두고 있는 사람들은 은퇴 이후의 노년기의 삶을 예상해보아야 합니다. 60세에 은퇴해서 100세까지 남은 시간은 약 35만 시간입니다. 잠자고 밥 먹는 시간을 빼면 20만 시간이 남습니다. 하류 노인이 되지 않으려면 구체적인 노후 준비를 해야 합니다.

흔히 노인 세대를 일찍 은퇴시키면 청년들의 일자리가 늘어날 것처럼 생각합니다. 그러나 그것은 이미 선진국의 경험을 통해서 아니라는 것이 입증되었습니다. 1980년대에 독일이나 프랑스 등 유럽 국가들은 높은 청년실업률을 해소하고자 노인의 조기은퇴를 촉진했습니다. 돈을 많이 주고 은퇴시키면서 연금도 크게 깎지 않았습니다. 하지만 조기은퇴의 결과는 청년들의 일자리로 이어지지 않았습니다.

정년을 연장하면 숙련된 인력부족의 문제를 완화하고 중장년층의 소득이 늘어나서 경제가 지금보다 활성화될 것으로 예상되고 있습니다. 따라서 세계 최장 근로시간을 기록하고 있는 우리나라로서는 노동자들의 근로시간을 줄이고 정년은 늘리는 방향이 바람직해 보입니다.

조기 은퇴를 하면 청년들의 부양 부담만 늘어납니다. 조기 은퇴와 청년 일자리를 연계할 것이 아니라 각 세대가 독립적으로 잘 살 수 있는 시스템을 갖추는 방향으로 나아가야 할 것 같다는 생각을 합니다.

재산이 많이 있다고 할지라도 할 일이 없는 노후는 불행합니다. 남은 일이라고는 죽는 일 밖에 없기 때문입니다. 사람에게는 일이 필요합니다. 할 일 없는 것처럼 따분하고 무료한 삶은 없습니다. 일이 없으면 우울하고 무기력해집니다. 그만큼 사람에게는 일이 중요합니다.

어떤 평론가는 세계적인 문학가이자 노벨 문학상을 받은 헤밍웨이가 60세도 안 된 나이에 자살을 한 이유를 바로 여기에서 찾았습니다. 많은 사람들이 헤밍웨이를 위대한 문호로 추앙하고 따랐지만 헤밍웨이는 웬일인지 더 좋은 작품을 쓸 수 없었습니다. 이전보다 더 좋은 작품을 쓸 수 없다고 생각하니 이 세상에서 더 이상 할 일이 없었고, 그래서 엽총으로 자살을 했다는 것입니다.

"나이가 들면 세월은 빠르지만 하루는 길다."라는 말이 있습니다. 한 일이 없으니까 세월이 빠르게 느껴지고, 할 일이 없으니까 하루가 길게 느껴지는 것입니다. 지루한 세월, 지루한 하루를 살지 않으려면 할 일이 있어야 합니다. 할 일이 없다면 할 일을 만들어야 합니다.

일본의 장수촌인 오키나와의 노인들은 나이가 들어도 일을 하러 다닙니다. 돈 버는 것이 목적이라기보다는 연금을 받으면서도 용돈벌이로 일하는 노인들이 상당히 많습니다. 택시, 편의점, 주차장, 식당, 병원 등에서 노인들이 일하는 모습을 쉽게 볼 수 있습니다. 우리나라 농촌에서도 건강한 할머니들은 일당을 톡톡히 받고 일을 하고 있는 것을 볼 수 있습니다.

노인이 되었어도 규칙적으로 할 일이 있어야 합니다. 생활이 넉넉하든 어렵든 상관없이 일을 하는 것이 좋습니다. 자식들은 부모를 위하는 마음으로 노인들에게 '가만히 계세요.'라고 말하지만 그 말은 결코 노인들을 위하는 말이 아닙니다.

90세를 훌쩍 넘긴 노인이 이만큼 살았으면 만족한다고 생각했습니다. 홀로 외롭게 살던 삶을 접기 위해서 식사를 하지 않고 컴컴한 방에서 죽기만을 기다리고 있었습니다. 그런데 사흘째 늦은 밤 자정이 되었을 무렵에 밖에서 낯선 인기척이 들려왔습니다.

움직일 수 없는 무거운 몸이지만 밖을 내다보았습니다. 희미한 달빛에서 보아도 금방 알 수 있었습니다. 서울에 사는 큰 아들의 손자들이었습니다. 어디서 힘이 났는지 벌떡 일어나 아이들을 맞아 들였습니다. 방에 불을 지피고 밥을 지어서 먹였습니다. 그 다음 할머니는 3년을 건강하게 지내시고 큰 아들이 재기하고 손자들이 서울로 떠나자마자 몸져누워 돌아가셨습니다.

이 이야기는 우리에게 삶의 의미를 생각하게 합니다. 무엇이 삶의 의지를 불타게 할까요? 의미 있는 일이 있을 때입니다. 저의 어머니는 은퇴 이후 스스로 텃밭을 마련하고 농부의 길을 걸었습니다. 시행착오를 겪으면서 십 수 년 동안 텃밭 농사를 하다 보니 지금은 전문가가 다 되셨습니다. 먹을거리가 불안한 시대에 어머니는 건강한 먹을거리의 자급자족뿐만 아니라 계절별로 심겨진 각종 채소들을 지인들과 나누기까지 할 수 있는 보람을 위하여 노후 소일거리로 텃밭을 선택했습니다. 할 일 없이 시간을 흘려보내지 않고 뭔가 의미 있는 일거리를 찾으신 것입니다.

어머니는 자식들에게 주는 보람으로 일을 하십니다. 텃밭은 어머니의 놀이터요, 우리 형제들의 만남의 장소입니다. 그동안 만류도 많이 했지만 지금은 오히려 우리가 텃밭 일에 재미를 붙이게 되었고, 이제는 노후 일거리로 텃밭 농사를 꼽게 되었습니다. 어머니의 현명한 선택에 감사하고 있습니다.

어머니는 86세이지만 노인 같지 않습니다. 생각도 긍정적이고, 기억력도 좋고, 아직 기력이 남아 있습니다. 주말에 저와 동생들이 찾아가 텃밭에서 같이 일하면 어머니는 요령으로 우리보다 더 많은 일을 하십니다.

건강관리를 통해 최대한 은퇴시기를 늦추고 은퇴 후에도 할 수 있는 의미 있는 일거리를 찾는 노력이 필요하다고 생각합니다. 100세 시대를 맞이하여 은퇴 이후의 40년의 긴 세월을 어떻게 보낼 것인가에 대해 진지하게 생각하고 계획을 세우는 일은 노년기를 맞은 사람들에게 주어진 과제입니다.

자영업을 하는 사람은 특정한 은퇴 시기가 없지만 직장인에게

55세는 인생의 대전환점입니다. 직장에 남든 떠나든 55세를 중심으로 몇 년 사이에 숱한 격변이 일어납니다. 특히 직장인들의 명목상 퇴직이 이때부터 시작됩니다. 법적 정년은 60세이지만 55세를 염두에 두고 준비한 사람과 대책 없이 세월을 보낸 사람이 누리는 삶의 질과 행복의 수준은 차원이 다를 수밖에 없습니다.

고령화에 대하여 오랫동안 연구해 온 김경록 미래에셋은퇴연구소장은 『1인 1기』(더난출판)라는 책에서 노후 문제의 답은 돈이 아니라 쓸모 있는 기술 하나라고 제안하고 있습니다. 그는 모바일, 네트워크, 서비스, 개성, 다양성 중심 시대에는 기술의 가치가 다시 인정받는 '새로운 장인의 시대'가 열릴 것이라고 예측하고 있습니다.

그는 "장수시대에 기술은 3년 투자해서 30년 버는 수지맞는 장사다. 기술을 익히고 자신에게 투자하는 것이야말로 장수시대에 우리가 제일 먼저 실천해야 할 일이다."라고 주장하고 있습니다. 그의 조언대로 노후를 위해 노년기에 접어들기에 앞서 미리 새로운 일거리를 찾는 지혜가 필요한 때가 되었습니다.

노년기에 가내수공업 일은 할머니들에게 실제로 많은 도움이 되고 있습니다. 저의 장모님도 수공업 일을 하지 않고 집안에만 있을 때는 여러 가지 생각으로 잠 못 이루는 밤도 많았고, 몸도 아프고 무려했는데 수공업 일을 하고부터는 근심걱정을 할 시간적 여유가 사라져서인지 편안한 밤을 지낼 수 있음을 볼 수 있습니다.

대한치매학회에서는 치매 예방수칙으로 이렇게 권유합니다. "손놀림이 많은 동작을 하라. 손놀림이 연결된 놀이를 하라." 손을 사용하면 두뇌 활동이 활발해져 치매 발병과 진행을 늦출 수 있습니다. 그렇다면 노인들의 손놀림을 도와주어 치매를 예방할 수 있을 뿐 아니라 작으나마 용돈도 벌 수 있게 하는 가내수공업 일은 일석이조의 효과를 가져다줍니다.

노년기의 건강관리

이 세상을 살아가는데 가장 괴로운 것 세 가지는 아픔과 늙음과 죽음입니다. 이것은 노년기에 직면하게 되는 것들입니다. 누구나 오래 살기를 원하지만 건강하지 못하면 오래 사는 것이 결코 복이 되지 못합니다.

어느 때이건 건강이 중요하지 않은 때가 없지만 특별히 노년기에는 건강에 유의해야 합니다. 병들고 아픈 노년기는 한없이 외롭고 서러운 시기가 될 것입니다.

세계에서 국민 평균 수명이 높은 나라 중의 한 곳이 일본입니다. 자료에 의하면 우리나라는 100세 이상 노인이 2015년 기준으로 3,159명이었고, 10만 명당 6.6명인 반면에 일본은 100세 이상의 노인이 6만 5천 명으로 인구 10만 명당 51.68명입니다. 우리나라보다 월등이 높습니다.

국제적으로 80세 이상의 고령자가 지역 인구의 1% 이상인 곳을 장수촌이라고 하는데, 일본에서도 장수촌으로 소문난 곳이 오키나와 나하시입니다. 의사들이 오키나와 나하시의 80세 이상 고령자들을 직접 방문해 진료를 했습니다. 그 결과 다음과 같은 여섯 가지 특징을 발견할 수 있었습니다.

첫째, 장수 가문의 혈통이었습니다. 둘째, 8할은 여성으로 모두 결혼해서 자녀들을 갖고 있었습니다. 셋째, 생활정도는 중산층이 가장 많았습니다. 넷째, 특별한 병이 없고, 또 병이 있어도 예사로 알고 지내며 살아갑니다. 다섯째, 산과 바다에 이웃해 살고 있습니다. 여섯째, 먹는 것도 평범한 감자, 야채, 두부, 돼지고기, 생선 정도였습니다.

오키나와 나하시 사람들의 장수 비결의 첫 번째 요인이 장수 가문의 혈통이라는 사실은 장수 유전자가 있음을 입증하는 것입니다. 물론 장수와 유전자의 관계가 절대적인 것은 아니지만 중요하다는 것은 분명합니다. 실제로 장수하는 집안이 있고, 건강을 타고 난 사람이 있기 때문입니다.

또한 세계적으로 유명한 장수마을인 빌카밤바는 해발 1,500m 고지의 남미 대륙 북서쪽에 위치한 에콰도르의 작은 마을입니다. 빌카밤바 주민들 중에는 90-100세 노인이 유난히도 많습니다. 그곳 주민 338명을 대상으로 심장 전문 의사인 살바드로가 건강상태를 조사한 결과 노인성 각종질환이 전혀 없다고 발표했습니다. 그만큼 빌카밤바 사람들은 건강하며 질병도 없이 오래 사는 100세 마을의 비결은 젊은 사람 못지않게 활발하게 활동하기 때문입니다. 이들 또한 건강한 유전자를 타고 났으며, 의학적으로 가장 이상적인 기온인 18-24도의 온화한 기후가 1년 내내 유지되는 지역에 살고 있습니다.

중국인들이 즐기는 농담 중에는 "술 담배를 멀리한 임표(林彪)는 63세를 살았고, 술은 즐기고 담배를 멀리한 주은래(周恩來)는 77세를 살았다. 술은 멀리하고 담배를 즐긴 모택동(毛泽东)은 82세를 살았고, 술과 담배를 즐긴 등소평(鄧小平)은 92세를 살았다. 술, 담배에 여색(女色)까지 즐긴 장학량(張學良)은 103세를 살았다."라는 말이 있습니다. 중국인들의 농담을 통해서도 장수의 선천적인 요인, 곧 장수 유전자가 중요하다는 것을 알 수 있습니다.

비록 선천적으로 건강 체질을 물려받지 못했을지라도 자신의 노력과 신앙의 힘으로 건강하게 사는 사람들이 많습니다. 그 중 대표적인 한 사람이 일본의 소설가 미우라 아야꼬입니다. 그녀는 평생 병마와 싸웠습니다.

젊은 시절에 폐결핵이 걸리면서 길고 긴 13년간의 투병 생활을 했습니다. 투병 생활 처음 6년 동안은 움직일 수 있었으나, 7년간은 기브스를 한 상태에서 누워 대소변을 다른 사람에게 의존하고 거울로 밥상을 바라보며 식사를 해야 했습니다. 40도가 넘는 고열 속에서 성경 '욥기'를 읽으며 투병했고, 그 가운데 글을 썼습니다. 이것이 끝이 아니었습니다. 그녀는 직장암 수술을 받았으며, 말년에는 파킨슨병과 싸웠습니다.

그러면서도 그녀는 늘 밝은 모습을 잃지 않았으며 보석처럼 빛나는 작품들을 쏟아냈습니다. 그녀는 아픔과 고통이 있었기에 기도가 있었고, 감사가 있었고, 찬양이 있었고, 신앙이 있었다고 고백했습니다. 그리고 그녀는 기도하는 가운데 '비록 나는 아프지만 다른 사람들에게 항상 기쁨과 감사를 보여 주어야겠다.'라고 다짐했습니다. 그녀는 아무리 아파도 짜증을 부리거나 남을 탓하는 대신 간호사와 주변 사람들에게 항상 웃으며 감사의 말을 아끼지 않았습니다.

하루하루 최선을 다하며 기쁨으로 작가 활동을 하던 미우라 아야꼬는 『빙점』을 비롯하여 『이 질그릇에도』, 『사는 것 생각하는 것』, 『죽음의 저쪽까지』, 『하늘의 사다리』, 『총구』 등 96편의 소설을 남기고 1999년 10월 12일 77세로 세상을 떠났습니다.

미우라 아야꼬는 하루하루를 선물로 여기며 살았고, 병이 들어 고통스러울 때 이렇게 기도했습니다.

이 저의 병이 저의 생애에 있어 필요불가결한 것이라는 사실을 감사의 생각을 가지고 받아들일 수 있도록 힘을 주시옵소서. 괴로움이나 따분함에 견딜 수 있는 힘을 주시고, 이 병상을 자신에게 주어진 교실로 삼아 오늘의 해를 보낼 수가 있도록 해주시옵소서. 하나님의 뜻이라면 병든 것을 통해서 사람들에게 그리스도의 은혜를 전파할 수가 있도록 해주시옵소서.

아야꼬는 신앙 안에서는 고통을 승화시켰습니다. 그녀는 어떻게 고통을 승화시킬 수 있었을까요? 그녀는 모든 고통에는 하나님의 뜻이 있다고 믿었습니다. 고통을 통해서 주님의 구원의 빛을 더 잘 드러낼 수 있다고 생각했습니다. 그녀는 평소에 '아프지 않으면'이라는 시를 즐겨 암송했습니다.

아프지 않으면 드리지 못할 기도가 있다. 아프지 않으면 듣지 못할 말씀이 있다. 아프지 않으면 접근하지 못할 성전이 있다. 아프지 않으면 우러러보지 못할 거룩한 얼굴이 있다. 아아, 아프지 않으면 나는 인간일 수 없다.

아야꼬는 "질병으로 내가 잃은 것은 건강뿐이다. 대신 신앙과 생명을 얻었다."라고 말했습니다. 그녀는 고통을 통해 주님의 구원의 빛을 더 잘 드러낼 수 있다고 믿었습니다. 그래서 잘 죽는 것이 자신에게 주어진 최후의 사명이라고 여겼습니다.

그녀는 고통과 친숙했습니다. 고통을 통해 하나님과 더 가까워졌고 성숙해졌습니다. 아야꼬는 노년기에 누구나 경험하게 되는 질병의 고통을 어떻게 이겨내며 마지막까지 최선을 다할 수 있을 것인지에 깊은 영감을 주고 있습니다.

자연친화적인 환경과 채식 위주의 음식도 건강관리에 중요하지만 아야꼬가 보여준 바대로 긍정적인 마음 자세야말로 건강과 장수를 누리는 비결이라고 생각합니다.

우리나라의 경우 통계청에서 '2015 인구 센서스조사'를 통해 발표한 100세 이상 고령자가 가장 많은 장수촌은 충북 괴산으로 인구 10만 명 당 100세 이상의 인구가 무려 42명이나 된다고 발표한 바 있습니다. 그 두 번째가 경북 문경으로 34명, 그 다음은 전남 장성으로 31명, 그다음은 충남 서천으로 31명, 그다음은 경남 남해로 29명, 그다음은 강원 양양으로 28.5명 등의 순으로 나타났습니다. 장수촌으로 꼽히는 많은 지역이 바다와 산간지역에 거의 대부분 위치하고 있습니다. 자연만한 명의도 없다는 결론입니다. 노년기의 최고의 건강관리는 자연을 가까이 하는 것입니다.

어떤 사람은 80세가 되어도 젊고 활기 있게 보이는가 하면, 어떤 사람은 40세에도 노인처럼 늙어 보이는 사람이 있습니다. 운동을 꾸준히 하면 노년기에도 신체 기능면에서 젊음을 유지할 수 있습니다. 그러나 노인이 되면 움직이는 것을 싫어합니다. 몸이 불편하고 힘이 없기 때문입니다. 그러나 몸을 사용하지 않으면 그만큼 빨리 쇠약해짐으로 어떻게 해서든지 몸을 움직이도록 노력해야 합니다.

사실 노인의 몸에서 일어나는 근육 노화는 몸을 덜 써서 나타난 퇴화에 가깝습니다. 미국 캘리포니아 대학의 노(老)화학자 피셔 교수는 "근육 없는 노인들의 사망률이 유달리 높다."라고 지적했습니다. 근육이 줄어들수록 심장병이나 뇌졸중 같이 치명적인 질환의 발병률이 올라가기 때문입니다.

그뿐만이 아닙니다. 젊을 땐 대수롭지 않지만 노인들에겐 치명타인 낙상 사고와 후유증, 이것도 근육 감소가 일으키는 사고입니다. 근육 감소로 근력이 줄어든 노인들의 운동 능력 전반이 감소하기 때문에 겨울철에 빙판이나 집안 화장실 등에서 미끄러져 변을 당하기 쉽습니다.

별도의 관리를 하지 않는다면 대략 만 40세를 기준으로 인체는 본격적인 노화 단계에 접어듭니다. 1년에 평균 1%씩 골격근이 줄어듭니다. 1%는 작은 숫자라고 무시했다간 큰 코 다칩니다. 재테크 용어인 '복리의 마술'이 여기서도 그대로 적용됩니다. 1%씩 매년 곱하기 때문에 30년이 지나면 근육 양이 대략 절반 수준으로 줄어듭니다. 계산대로라면 대략 70세 정도의 나이가 되면 혼자 문지방도 건너다니기 힘든 위태로운 건강 상태에 놓이게 됩니다. 근육 감소증을 죽음에 이르는 병이라고 하는 것은 결코 빈말이 아닙니다.

운동을 통해 얻을 수 있는 노화 방지 효과는 다음과 같은 한 문장으로 요약할 수 있다. "규칙적으로 운동하는 80대는 운동 안 하는 40대 보다 더 낫다." 이는 임의로 지어낸 말이 아니라 실제 연구를 통해 얻어낸 데이터를 통해 확인된 사실입니다.

노인층의 운동과 그 효과를 연구하는 프랭크 마이어(Frank Mayer) 박사 팀의 연구 논문에 따르면 규칙적으로 운동하는 80대의 근력과 유연성은 운동하지 않는 40대와 동등 또는 그 이상이었습니다. 심지어 70대의 경우는 20, 30대보다 훨씬 체력적으로 뛰어난 경우도 많았습니다. 아무리 늦었다 싶어도 일단 시작하면 오늘보다 훨씬 높은 지점에 오를 수 있습니다. 늦었다고 생각될 때가 가장 빠를 때입니다.

노년기에는 약해지는 체력에 알맞은 운동을 꾸준히 지속적으로 해야 하는데 요가, 온수 목욕법, 안마, 지압법, 낮은 산 등반과 같이 몸에 무리를 주지 않는 운동이 적합합니다. 노인이 되면 폐활량과 혈액활동의 약화로 산소 흡입이 부족합니다. 산소가 부족하면 뇌의 기능이 약화되고, 이어서 영적, 정신적, 감정적 기능이 모두 약화됩니다. 따라서 노인들에게는 산소를 많이 마실 수 있는 걷기가 효과적입니다.

지금은 스마트폰에 걸음 수를 체크해주는 프로그램이 있습니다. 하루 6,000걸음을 기준으로 삼고 있는데 6,000걸음이면 사람에 따라 다르지만 30-50분 정도 걸을 수 있는 시간입니다. 건강을 생각한다면 최소한 하루에 6,000걸음을 걸을 수 있는 정도의 시간은 투자해야 합니다.

저의 주변에는 건강하게 사는 노인 몇 분이 있습니다. 그들이 건강한 데는 나름대로 이유가 있습니다. 한분은 저와 함께 신앙생활을 하시는 80세 초반의 권사님이십니다. 그분은 매일 정해진 시간에 걷기를 합니다. 그래서인지 아직도 허리의 자세도 바르고 건강하게 생활하고 있습니다.

또 한분은 92세의 권사님이십니다. 이분은 가벼운 운동도 하지만 식단 조절을 통해 건강을 관리하고 있습니다. 나이가 들면 먹는 것 외에는 즐거움이 없습니다. 그래서인지 노년기가 되면 식탐이 생깁니다. 그러나 이분은 식탐을 절제하고 소식을 합니다. 그 연세에 질병이 없이 살아가는 모습을 보면 부럽기까지 합니다.

저도 건강관리를 위해서 봄부터 가을까지는 틈틈이 시간을 내어 인천대공원을 찾습니다. 그곳에서는 남녀노소가 각양각색의 운동을 합니다. 걷기에는 최상의 환경 조건인데다 대공원이지만 입장료가 없기에 많은 사람들이 부담 없이 이용을 하고 있습니다. 이곳을 찾아 운동을 하는 노년기의 분들은 최소한 건강을 유지하여 질병에 걸리지 않으려고 하는 의지가 담겨져 있습니다.

저도 그곳에서 자전거를 타는데 한 바퀴 도는 시간은 속도에 따라 차이는 있지만 20분정도 소요됩니다. 5-6바퀴를 돌고난 후 각종 운동기구가 있는 곳에 와서 몸을 풀며 운동을 마무리합니다. 일주일에 3-4회는 그런 식으로 건강관리를 하고 겨울철에는 실내용 자전거를 타고 있습니다.

건강관리를 위해서는 운동과 함께 기본적인 영양소를 골고루 섭취해야 합니다. 매일 정해진 시간에 즐거운 마음으로 오래 씹으면서 식사하되, 설탕과 소금 및 동물성 지방은 적게, 곡식, 콩, 과일, 요리하지 않은 채소와 같은 알카리성을 많이 섭취하면 성인병을 예방할 수 있습니다.

섬유질이 많은 김, 미역도 좋고, 청량음료 대신 맑은 생수를 하루 여덟 컵 이상 마시면 세포의 노화속도를 늦추게 됩니다. 암을 유발할 수 있는 너무 뜨거운 음식이나 불탄 음식 또는 상한 음식은 아까워도 먹지 말아야 합니다. 그리고 사망을 재촉하는 과식을 피하도록 습관을 들여야 합니다.

공자(孔子)는 건강 비법이 정결한 식사와 정결한 생활을 신조로 삼음에 있다고 했습니다. 또한 군자(君子)의 삼계, 곧 청년기에 금욕(禁慾), 장년기에 절제(節制), 노년기에 무욕(無慾)을 실천함에 있다고 했습니다. 운동과 음식물도 중요하지만 거기에 못지않게 중요한 것이 삶의 자세입니다.

'인명은 재천'이라는 말을 합니다. 우리 삶에는 우리가 어떻게 할 수 없는 영역이 있습니다. 우리 선조들은 지혜롭게도 이러한 사실을 인정하며 살았습니다. 우리가 힘써 노력하며 살아야 하지만 우리가 섭리에 순응하며 살아야 할 것은 인간의 생사화복을 주장하시는 분은 하나님이시기 때문입니다.

이와 관련하여 예일대 연구팀이 흥미로운 연구 결과를 발표했습니다. 미국 심리학회가 발간하는 '성격과 사회심리학' 2002년 8월호에 실린 예일대 연구팀의 보고에 따르면 혈압이나 콜레스테롤 수치를 낮추는 것보다 나이 먹는 것에 대해 긍정적으로 생각하는 것이 오래 사는데 더 중요한 원인인 것으로 밝혀졌습니다.

확실히 긍정적인 태도는 우리 삶에 유익을 가져옵니다. 그러므로 그리스도인들은 규칙적인 기도 생활, 성경을 주야로 묵상하는 생활, 긍정적이고 적극적인 생활을 한다면 전인건강을 누릴 수 있습니다.

Part 3

노년기의 주요 과제

적극적인 죽음 준비
비움으로 누리는 행복
물욕과 재산 정리
노년기의 홀로서기
노후 준비보다 더 중요한 것
아름다운 죽음을 위하여

적극적인 죽음 준비

강원도 동해안이 고향인 저는 바다에서 힘차게 떠오르는 일출의 아름다움을 보면서 학창시절을 지냈으며, 노년기의 문턱에 있는 지금은 서쪽인 부평에 살면서 붉게 물든 저녁노을 보며 살고 있습니다.

저녁노을에는 아름다움이 있습니다. 그래서 저는 기회가 있을 때마다 저녁노을 사진을 찍습니다. 저녁노을은 자연스럽게 인생의 마지막을 생각하게 합니다.

우수(優秀)의 철학자 쇼펜하우어(Arthur Schopenhauer)는 인생의 3대 문제를 제기했습니다. "인생아 너는 어디서 왔느냐?", "인생아 너는 무엇을 하느냐?", "인생아 너는 어디로 가느냐?" 이 세 가지 질문에 대하여 한 가지 만은 분명히 대답할 수 있는데 그것은 세 번째 질문이라고 합니다. "인생아 너는 죽음의 길로 가고 있구나."라고 말했다고 합니다.

과학의 발달로 인간의 수명이 점점 늘어나고 있습니다. 그러나 아무리 오래 산다 하여도 어느 누구도 죽음 그 자체를 피할 수 없습니다. 인생은 한번 왔다가 돌아가는 것입니다.

옛날 로마에서는 원정에서 승리를 거두고 개선하는 장군이 시가행진을 할 때 노예들을 시켜 행렬 뒤에서 큰소리로 '메멘토 모리(Memento mori)'를 외치게 했다고 합니다. 메멘토 모리는 '죽음을 기억하라.'라는 라틴어 낱말입니다. '오늘은 개선장군이지만, 너도 언젠가는 죽는다. 그러니 겸손하게 행동하라.' 이런 의미에서 생겨난 풍습이라고 합니다. 대로마의 장군도, 그 누구도 죽음 앞에서는 예외가 없음을 교훈하고 있습니다.

또한 탈무드에 보면 임종을 맞이한 아카비가 자신이 실패자 같다고 랍비에게 한탄을 합니다. 랍비가 왜 그런 느낌이 드냐고 묻자, 아카비는 모세처럼 살지 못해서 그렇다고 했습니다. 이 가련한 남자는 신(하나님)의 심판이 두렵다고 눈물까지 흘렸습니다. 그러자 랍비가 아카비의 귀에 대고 부드럽게 속삭였습니다. "아카비, 신은 모세처럼 살지 않았다고 그대를 심판하지는 않을 겁니다. 아카비답게 살지 못했다고 심판하신다면 모를까?"라고 말했습니다.

하나님의 사람 모세는 기도하기를 "주께서 사람을 티끌로 돌아가게 하시고 말씀하기를 너희 인생들은 돌아가라 하셨사오니 …
우리의 년수가 칠십이요 강건하면 팔십이라도 그 년수의 자랑은
수고와 슬픔 뿐이요 신속히 가니 우리가 날아가나이다."(시 90:3,
10)라고 했습니다.

한 해가 시작되어 새싹을 보며 봄인가 싶었는데 곧 무더운 여
름이 오고, 단풍을 보며 가을인가 싶었는데 어느새 찬바람이 부
는 겨울이 옵니다. 세월은 쏜 살같이 지나갑니다. 이 책을 기획하
고 글을 쓰는 동안 2016년을 보내고 2017년을 맞이했는데, 요즘
은 쏜 살이 아니라 총알과 같음을 느낍니다.

저는 아버지가 돌아가신 후 죽음을 더 많이 생각하게 되었습니
다. 저 멀리 있던 죽음이 성큼 가까이 다가온 것 같았습니다. 죽
음을 의식하다보니 남은 삶이 얼마나 될지 모르겠지만 좀 더 멋
지고 에너지 넘치는 삶을 살아야겠다는 마음이 들었습니다. 그리
고 지인들과의 모임도, 식탁의 교제도 자주 했으면 하는 마음입
니다. 그래서 오늘도 지인 부부를 초대해 식탁의 교제를 나누었
습니다. 이럴 때마다 아내의 수고로움에 감사하는 마음을 담아
전합니다.

머잖아 주님께서 하나님의 나라로 내 인생을 부르실 때가 오게
되며, 내 인생도 돌아갈 날이 올 것입니다. 노년기에 접어들면 죽
는다는 사실을 받아들이고 죽음 준비를 해야 합니다. 생사관에

따라 죽음의 모습이 달라집니다. 소극적으로 죽음을 '당하는' 경우가 있고 적극적으로 죽음을 '맞이하는' 경우가 있습니다.

호스피스 봉사를 하면서 많은 사람들의 임종 모습을 지켜보게 됩니다. 그때마다 나는 어떻게 죽음을 맞이할까 생각이 깊어집니다. 저는 죽음을 당하는 소극적인 인생을 살고 싶지는 않습니다. 죽음을 직면하고, 죽음과 동행하며, 언제 죽음을 맞이하더라도 당당히 맞이할 수 있도록 최선을 다해 마지막 인생을 불태우고 싶습니다.

죽음을 맞이하기 위한 적극적인 태도는 미리 유언장을 작성해 놓고, 해마다 그것을 갱신하는 일로부터 재산을 정리하고, 자서전도 쓰고, 묘비명도 써 보고, 사후의 장례 문제까지 구체적으로 준비하는 것입니다.

유언장, 자서전, 비문 등을 쓴다는 것은 지난 세월을 뒤돌아보고 남은 생애를 어떻게 보내는 것이 좋은지에 대해 자연스럽게 해답을 찾는 방법일 수도 있습니다. 특히 중병에 걸려 회생이 불가능하고 의식이 없어질 경우 연명치료를 거부하고 품위 있는 죽음을 맞이하기 위하여 사전에 미리 존엄사를 선택하는 일은 대단히 중요한 사항입니다.

존엄사의 의미는 최선의 의학적 치료를 다하였음에도 회복 불가능한 사망의 단계에 이르렀을 때, 질병의 호전을 목적으로 하는 것이 아니라 오로지 현 상태를 유지하기 위하여 이루어지는 무의미한 연명치료를 중단하고 질병에 의한 자연적 죽음을 받아들임으로써 인간으로서 지녀야 할 최소한의 품위를 지키면서 죽을 수 있도록 하는 것입니다.

연명치료와 존엄사에 대한 논란은 2008년 2월 서울 신촌 세브란스 병원에서 식물인간 상태에 빠진 환자의 가족들이 병원 측에 무의미한 연명치료에 대한 중단을 요구한 사건이 사회적으로 이슈가 되면서 본격화되었습니다.

환자인 김 할머니는 2007년 2월 세브란스병원에서 폐암 조직 검사를 받던 중 과다출혈에 따른 뇌손상으로 식물인간 상태에 빠져 인공호흡기를 부착하고 1년째 연명치료를 받아온 상태였습니다. 이에 김씨의 자녀들은 기계장치로 수명을 연장하지 않는 것이 평소 어머니의 뜻이라면서 치료 중단에 대한 소송을 제기했습니다.

법원은 이 사건에 대해 2008년 11월 존엄사 의사를 인정하는 첫 판결(서울서부지법)을 내렸고, 2009년 2월 10일에는 고등법원이, 그해 5월 21일에는 대법원이 처음으로 존엄사를 인정한다는 판결을 내렸습니다. 이러한 결정에 따라 의학계는 2009년 10월 13일 '연명치료 중지 지침'을 확정, 발표했습니다. 이에 따르면 회복 불가능한 환자는 말기 암환자, 뇌사 환자, 임종 환자, 말기 후

천성면역결핍증 환자, 6개월 이상 식물인간 상태의 환자 등이 대상이 됩니다.

저의 지인인 안도현 목사는 매년 부활절이면 주보에 유언장을 공개합니다. 그의 유언장에는 죽음에 직면했을 때 연명치료를 하지 말아 달라는 부탁이 들어 있습니다.

언젠가 반드시 찾아올 그 날, 이별의 시간이 행복해지기를 위하여 저의 희망을 밝힙니다. 인위적인 인공호흡이나 심폐소생술, 기관지 절개술, 인공영양법 등을 시행하지 마시고 품위있게 주님 나라에 갈 수 있도록, 아름다운 죽음의 은총을 맞이할 수 있도록 도와주시기 바랍니다. 혹시 정신이 없어 살려 달라고 할지라도 생의 애착인 줄 알고 무시해 주시기를 부탁드립니다.

최근 방영된 드라마 〈낭만 닥터 김사부〉에서도 그런 모습을 보게 되었습니다. 노년의 남편이 아내에게 심폐소생술을 하는 의사를 말리며 '그만 됐어!' '우리는 그런 것 하지 않기로 서약했어!'라며 최후를 맞는 모습을 보았습니다.

현행법상 의료진은 한번 부착한 산소 호흡기를 임의로 뗄 수가 없습니다. 섣부른 연명치료가 자칫 모두에게 불행이 될 수 있습니다. 그러므로 품위 있는 죽음을 선택하기 원한다면 '사전의료 의향서'를 작성하여 소지할 필요가 있습니다.

국내에서는 2012년에 '사전의료의향서실천모임'이 창립되어 '당 하는 죽음에서 맞이하는 죽음'이라는 표제로 활동하고 있고, '연명 치료를 거부하는 서약서'(DNR)를 작성하는 부부가 늘어나고 있습 니다. 병원에 입원하여 의료진에게 보여주면 품격 있는 임종을 도 와줄 것입니다. 사전의료의향서의 내용은 다음과 같습니다.

나(이름 : ○ ○ ○)는 명료한 정신 상태에서 직접 이 사전의료 의향서를 작성합니다. 건강을 회복할 수 없는 상태가 되고, 진단과 치료에 대하여 나 스스로의 의사 표시가 불가능해질 때 의료진과 가족들이 이 사전의료의향서에 기록된 나의 뜻 을 존중해주기 바랍니다.

죽음을 초연하게 받아들이기 위해서는 평상시에 죽음이라는 친구와 대화를 나누는 일이 필요합니다. 언제, 어디서, 어떻게 다 가올지 모르는 죽음을 생각하면서 지금까지 살아온 날들을 들여 다보아야 합니다. 예를 들어 자신이 죽게 될 나이를 가상으로 정 해서 출생부터 죽는 순간까지 삶을 어떻게 살았는지 사색해보고 그것을 압축하여 비문을 작성해 보는 것도 의미가 있습니다.

폴 마이어(Paul J. Meyer)는 『성공을 유산으로 남기는 법』이라는 책에서 "나는 어떻게 기억되고 싶은가? 이 질문에 대한 대답이 바로 당신의 유산이 될 것이다."라고 말했습니다. 당신의 비문에는 어떤 글이 적히기 원합니까?

미국 로스 캐롤라이나에 빌리 그래함 기념관이 있습니다. 기념관 입구 좌편에 2007년 6월 14일에 세상을 떠난 빌리 그래함의 아내 루스 그래함의 묘지가 있습니다. 그녀의 묘지는 평범하지만 비문은 특별합니다. 비문에는 다음과 같이 기록되어 있습니다. "공사, 끝! 그동안 참아주서서 감사합니다."

빌리 그래함 목사님의 집 근처에는 대규모 공사를 하느라고 항상 '공사 중, 통행에 불편을 드려 죄송합니다.'라는 팻말이 붙어 있었다고 합니다. 그런데 그 공사가 끝나고 나서 그곳을 지날 때 '공사 끝, 그동안 참아주서서 감사합니다.'라는 팻말이 붙어 있었는데, 루스 그래함 사모는 그것을 보고, 남편인 빌리 그래함 목사에게 "여보, 이 다음에 내가 죽거든, 내 묘비명에 저 글귀를 사용해 주세요."라고 했다는 것입니다.

사람들은 죽음 이야기를 하면 두려워하고, 회피하려 합니다. 그리고 어차피 죽을 것인데 미리 죽음을 생각하며 논하는 것은 쓸데없는 일이고, 죽음을 준비하면 빨리 죽을 것처럼 생각합니다. 과연 그럴까요? 성경은 인간의 생(生)과 사(死)에 대하여 "여호와는 죽이기도 하시고 살리기도 하시며"(삼상 2:6)라고 말씀하고 있습니다. 사람이 죽고 사는 것은 하나님의 뜻에 달려 있습니다.

한림대 생사학연구소 소장 오진탁 교수는 『죽음, 어떻게 이해할 것인가』라는 책에서 '우리 사회에서 죽음의 질과 삶의 질을 향상시키려면 죽음에 대한 올바른 이해가 필요하다.'라는 것을 알려주고 있습니다.

이삭은 야곱을 축복할 무렵 곧 죽을 줄로 생각했었으나 이후 43년을 더 살다가 기운이 진하여 죽었습니다. 이삭의 아버지 아브라함은 175세를 살았고, 이삭의 아들 야곱은 147세, 이삭의 손자 요셉은 110세를 살았으나 이삭은 180세를 살았습니다.

모세는 그가 세상을 떠날 때까지 눈이 흐리지 아니하였고 기력이 쇠하지 않았습니다(신 34:7). 모세는 늙고 쇠약해서 죽은 것이 아니라 그의 사명이 끝났기 때문이었습니다. 모세는 사명을 마치면서 여호수아에게 바턴을 넘긴 후 죽음을 맞이했습니다.

모세의 죽음은 인간의 삶과 죽음이 사명에 달려 있음을 가르쳐주고 있습니다. 사명은 우리가 존재하는 이유이고 목적입니다. 벤자민 프랭클린은 "하나님이 내게 맡기신 일이 남아 있는 한, 나는 죽을 수 없다."라고 했고, 리빙스턴은 "사명이 끝나기 전에는 죽지 않는다."라고 했습니다. 사명이 있으면 하나님께서 이 땅에 남겨 두시고 사명이 끝나면 데려가십니다.

일찍 사명이 끝날 수도 있습니다. 예수님은 3년 반의 공생애를 통해 사명을 마치고 가셨습니다. 스데반 집사는 첫 순교자로서의 사명을 마치고 갔습니다. 병이 났을 때 우리는 온갖 수단을 동원하여 질병을 치료해야 합니다. 이것은 생명에 대한 인간의 의무입니다.

그러나 중한 병에 걸리면 그때는 하나님께서 부르시는 줄 알고 삶에 대해서 아쉬워하지 말고 가야 합니다. 장수는 분명 복입니다. 그러나 장수만이 복이 아니라 경우에 따라서는 일찍 가는 것도 복일 수 있습니다.

비움으로 누리는 행복

노욕(老慾)이라는 말이 있습니다. 늙은이의 욕심이라는 뜻입니다. 노욕을 노추(老醜)라고도 합니다. 보기흉한 노인의 모습이란 뜻입니다. 세상에 욕심이 없는 사람은 없습니다. 그런데 노인의 욕심은 탐욕으로 비쳐집니다. 노년기는 모든 것을 내려놓는 시기이기 때문입니다. 그런데도 여전히 탐욕을 가지고 있다면 추하게 보일 수밖에 없으며 욕을 먹을 수도 있습니다.

우리는 이 세상에 올 때 빈손으로 왔습니다. 갈 때도 빈손으로 가야 합니다. "우리가 세상에 아무 것도 가지고 온 것이 없으매 또한 아무 것도 가지고 가지 못하리니"(딤전 6:7)라는 말씀처럼 인간은 죽으면 아무 것도 가져갈 수 없습니다. 인간이 죽은 후에 남는 것은 오직 한 줌의 재뿐입니다.

그러므로 돌아갈 때가 가까운 노년기에 들어서면 비울 줄 알아야 합니다. 비움으로 행복을 누려야 합니다. 그러나 현실에서 비움으로 행복을 누리는 노인들을 보기가 쉽지 않습니다.

왜 그럴까요? 나이가 들면 세상 모든 일에 초연할 것 같지만 결코 그렇지 못합니다. 오히려 노욕이 더 무섭습니다. 사람이 죽음을 맞이하는 이상적인 방식은 내적으로나 외적으로 일체를 내려놓는 것입니다. 그러나 인간은 스스로 낮추고 내려놓지 못합니다. 마지막 죽음의 순간까지 삶에 대한 애착을 가지고 뭔가 붙들고 삽니다.

어떻게 해야 비울 수 있을까요? 사람은 본성적으로 비울 수 있는 존재가 못 됩니다. 그런데 비우려고 하지 않아도 비워질 때가 있습니다. 이 놀라운 비움의 비밀을 발견하고 경험한 사람이 사도 바울입니다.

바울은 예수님을 만나 변화된 자신의 삶을 이렇게 증언했습니다. "그러나 무엇이든지 내게 유익하던 것을 내가 그리스도를 위하여 다 해로 여길뿐더러 또한 모든 것을 해로 여김은 내 주 그리스도 예수를 아는 지식이 가장 고상하기 때문이라 내가 그를 위하여 모든 것을 잃어버리고 배설물로 여김은 그리스도를 얻고 …"(빌 3:7-9)라고 기록하고 있습니다.

고상하다는 말은 철학적인 개념이 아니라 상업적인 개념입니다. 예수 그리스도를 아는 지식이 워낙 값이 비싸기 때문에 모든 손실을 갚고도 남는다는 뜻입니다.

바울은 혈통도, 전도유망한 엘리트의 특권도, 명망 있는 랍비가 될 수 있는 기회도 포기했습니다. 오로지 예수 그리스도 때문이었습니다. 바울은 예수님을 알게 된 것으로 자신이 포기한 것을 보상 받고도 남음이 있었습니다.

우리 마음에 예수 그리스도로 채워지면 세상 것에 대한 생각이 달라집니다. 그리스도로 채워지기 전에 목숨처럼 소중하게 여겨지던 세상 것들의 가치가 떨어집니다. 전에 대단하게 여기던 것들이 시시하게 생각됩니다. 아름답게 보이던 것들이 추하게 보입니다.

바울은 그리스도를 발견한 후 이전에 유익하게 생각하던 것들을 이제는 해로운 것으로 여겼습니다. 또한 스스로 자랑스럽게 여기던 모든 것을 다 내버리고, 배설물로 여겼습니다. 이것은 시골에서 개똥참외만을 먹던 아이가 황금빛 금싸라기 참외를 먹고는 그동안 천하제일의 맛으로 알았던 개똥참외를 발로 차버리는 것과 같은 것입니다.

세관의 장이었던 삭개오는 예수님을 만남으로 지금까지 추구했던 것을 비울 수 있었습니다. 그는 예수님 앞에서 자발적으로 비움을 실천했습니다. "주여 보시옵소서 내 소유의 절반을 가난한 자들에게 주겠사오며 만일 누구의 것을 속여 빼앗은 일이 있으면 네 갑절이나 갚겠나이다"(눅 19:8).

마태도 마찬가지입니다. 그도 삭개오와 마찬가지로 돈 밖에 모르던 세리였습니다. 그는 자신의 삶에 대한 갈등이 있었습니다. 그런 중에 그는 "나를 따르라."(눅 5:27)라는 예수님의 말씀을 듣고 모든 것을 버리고 제자가 되었습니다. "그가 모든 것을 버리고 일어나 따르니라"(눅 5:28). '버렸다'는 것은 비움을 말합니다. 그는 지금까지 채움의 삶만을 살아왔습니다. 한 번도 누구를 위해서 버려 본 적이 없었습니다. 그랬던 그가 이런 중대 결심을 하게 된 것은 예수님을 만나면서부터 이였습니다.

저도 수년 전 침묵영성수련원에서 나름대로 비움을 경험해 보았습니다. 140여 시간 동안 세상을 등지고 오르지 말씀과 기도와 묵상으로 지내며 무소유가 무엇인지, 바울이 왜 모든 것을 배설물로 여겼는지를 미약하나마 이해할 수 있었습니다.

예수님은 산상수훈을 통해 "심령이 가난한 자는 복이 있나니"(마 5:3)라고 말씀하셨습니다. 가난은 곧 비움입니다. 욕심을 버리고 마음을 비우면 그곳에 행복이 자리를 잡습니다.

한경직 목사는 영락교회를 은퇴하고 사택을 나왔을 때는 거처할 곳조차 없을 정도로 그의 재산은 전무 했습니다. 그는 제대로 된 목회자라면 가난해야 한다는, 그래야 사욕 없이 복음 전하는 일에 전념할 수 있다는 평소의 지론을 그대로 실천했습니다.

이와 같은 삶으로 인해 가장 고통을 받은 사람은 아내 김찬빈 사모였습니다. 평생 남편의 월급을 제대로 받아보지 못했습니다. 그의 손에 쥐어졌던 것은 빈 봉투뿐이었습니다. 아내 대신 월급을 받은 사람들은 보린원, 경로원, 모자원에 있는 가난한 사람들이었습니다.

한경직 목사는 수많은 해외여행에서 선물로 받은 것 중에 기본적인 약품 몇 개 외에는 어떤 외제품도 반입하지 않아 세관에서도 그의 수화물조사를 항상 면제할 정도였습니다. 수많은 집회에서 강사로 수고하고도 사례금을 일체 받지 않았고, 막대한 돈으로 구제와 선교를 위해 지출하는 대형 교회 담임 목사였지만 청빈함으로 일생을 보냈습니다.

한경직 목사의 청빈은 없는 가운데서 가난한 생활을 한 것이 아니라, 있는 가운데도 불구하고 있음을 포기하고 자족생활을 하는 것이었습니다. 그는 "참된 목사는 가난해야 한다. 이것은 생활을 제대로 하지 말라는 의미가 아니라, 목사는 돈과 깊은 관계를 맺으면 안 되며, 검소한 생활은 목회자에게 가장 안전한 일이며, 참되게 사는 것과 돈과는 언제나 상대적이기에 조심해야 한다고 했다."라고 했습니다.

한경직 목사는 자신을 대접하려는 사람에게는 반드시 '어느 음식점이냐?'라고 물었으며, 냉면이나 된장찌개 같은 조촐한 음식이 아닐 경우에는 절대로 초대에 응하지 않았습니다. 이런 청빈한 한경직 목사의 삶은 기독 실업인 사이에 소리 없이 번지는 '유산 안 남기기 운동'으로 이어지는 결과를 낳았습니다.

한경직 목사는 자신의 이름으로 땅 한 평, 집 한 채 사 본 적이 없고 평생 자신의 이름으로 된 통장 하나 없는 무욕과 청빈한 삶을 살았습니다. 그가 세상을 떠났을 때 남겨진 유품은 휠체어와 지팡이, 서너 벌의 양복이 전부였습니다. 하지만 그의 신앙 유산은 지금도 한국 교회의 크나큰 자랑이 되고 있습니다. 숭실대학교 한경직 목사 기념관에 "물려줄 유산은 없다. 믿음을 지키라. 나라를 사랑하라."라는 그의 유언이 새겨져 있습니다.

오늘날 한경직 목사가 존경받는 이유는 영락교회라는 대형 교회를 만들었기 때문이 아닙니다. 그가 존경받는 이유는 대형 교회 목회자로서 누릴 수 있었음에도 불구하고 작은방 한 칸에서 양복 한 벌로 지내는 목회자였기 때문이었습니다. 그는 우리에게 비움의 삶을 가르쳐 주었습니다.

저는 수 년 전 말 못할 사정으로 인해 평생 모아온 재산을 포기해야만 하는 일을 경험했습니다. 그 당시는 재산이 삶의 전부로 여겨졌기 때문에 포기하는 것이 너무나도 힘이 들었습니다. 그러나 비움을 경험하고 나서는 모든 것이 부질없는 것임을 알게 되었습니다. 재물을 좇아 살았던 지난날의 모습을 돌아보면 재물이 있다고 행복한 것만은 아니었음을 알게 되었습니다. 지금은 행복이 재물에 있는 것이 아님을 알고 어렵고 부족하지만 주어진 삶에 자족하며 행복을 누리고 있습니다.

최근 심리학자들은 주는 사람이 더 건강하고, 행복하고, 장수한다는 연구결과를 발표했습니다. 남에게 주는 사람이 고통과 아픔을 적게 느끼고, 정신적으로 더 건강하며, 스트레스도 적고, 질병에도 덜 걸린다는 것입니다.

미국 최초의 국제 금융인이며 대규모 자선 사업의 선구자였던 조오지 피바디(George Peabody)라는 사람도 자신의 막대한 재산을 자선 사업과 교육 사업을 위해 내놓은 후에 이런 멋진 말을 했습니다. "내 평생에 걸쳐 피와 땀을 흘려 모은 재산을 내놓는 것은 확실히 어려운 일이었다. 그러나 결단을 하고 내놓았을 때, 재산을 모으는 기쁨에 비할 수 없는 신비로운 기쁨이 있었다."

예수님은 지극히 작은 자에게 한 것이 곧 나에게 한 것이며, 냉수 한 그릇도 잊지 않으실 것이라고 말씀하셨습니다. 하나님의 은혜로 받은 것을 가지고 남을 위해 사용한 것들은 영원히 남습니다. 노년기에는 비움으로 생기는 것들을 이웃들과 나눔으로 행복을 누릴 수 있어야 합니다.

록펠러는 33세에 백만장자가 되었고, 43세에 미국의 최대 부자가 되었으며, 55세에 세계 최대 갑부가 되었지만 그는 불치병으로 1년 이상 살 수 없다는 사형선고를 받습니다.

최종 검진을 받기 위해 휠체어를 타고 병원으로 들어오던 중 로비에 걸려있는 액자 속의 글귀가 눈에 들어왔습니다. "주는 자가 받는 자보다 복이 있다." 그 글귀를 보는 순간 온 몸에 전율이 생기고 눈물을 흘립니다. 그 순간 어디선가 시끄러운 소리가 들려 귀를 기우려보니 병원 측은 병원비가 없어 입원이 안 된다고 하고, 환자의 어머니는 입원을 시켜달라며 애원을 하고 있는 모습을 보게 됩니다.

그는 비서를 시켜 병원비를 지불하게 하고 누가 지불했는지를 밝히지 말라고 당부를 합니다. 얼마 후 은밀히 도움을 준 소녀가 기적적으로 회복되자 그 모습을 조용히 지켜보면서 얼마나 기뻤는지 자서전에 그 순간을 이렇게 표현합니다. "저는 살면서 이렇게 행복한 삶이 있는지 몰랐습니다."

그때 그는 나눔의 삶을 작정했습니다. 그런데 신기하게 1년밖에 살 수 없다는 병이 사라졌습니다. 그 후로 98세까지 살며 선한 일에 힘썼습니다. 그는 이렇게 회고 합니다. "인생 전반전 55년은 쫓기며 살았지만 후반기 43년은 행복하게 살았다."라고 회고록에 기록하고 있습니다.

나보다 남을 배려하면 섬기는 곳에 기쁨과 행복이 있습니다. 다른 사람을 먼저 생각하고 행동할 때 행복의 기초가 세워집니다. 행복은 아낌없이 나누어 주고 베푸는 사람의 것입니다.

나누는 일은 부자들이나 할 수 있는 것으로 사람들은 생각합니다. 많이 가지고 있어야만 나눌 수 있는 것이 아닙니다. 나누고자 하는 마음이 있어야 합니다.

연구조차 제대로 할 수 없을 정도로 가난했던 퀴리 부부는 어렵게 라듐을 발견했습니다. 암 치료에 특별한 효과가 있는 라듐을 발견했을 때 그들의 기쁨과 벅찬 감격은 이루 말할 수 없을 만큼 컸습니다. 퀴리 부부가 라듐을 발견했다는 사실이 알려지자 주위 사람들은 그들에게 빨리 특허를 출원해서 큰돈을 벌어 이제는 편안하게 살라고 조언했습니다. 또한 미국의 대 기업가들로부터 라듐 제조법을 팔라는 성화가 끊이지 않았습니다.

그러나 그들의 생각은 달랐습니다. 라듐이 암 치료에 효과 있는 원소이긴 하지만 잘못 이용할 경우 매우 위험한 물건이 되어 사람들에게 해를 끼칠 수도 있다고 생각했습니다. 그들은 며칠 동안 라듐의 제조 방법을 어떻게 해야 할까 고민했습니다. 곰곰이 생각하던 끝에 남편 파에르 퀴리가 말했습니다. "과학자의 발명품은 개인이나 명예의 수단으로 이용되어서는 안 된다고 생각하오! 그러니 이 라듐의 제조법을 학계에 알려줍시다." 남편의 말에 그녀 또한 흔쾌히 승낙했고, 즉시 그들은 아무런 대가 없이 라듐의 제조 방법을 학계에 발표했습니다.

많이 가지고 있어도 부족함을 느끼면 그는 실상 가난한 자입니다. 행상을 하며 폐지를 줍고 어렵게 모아둔 재산을 학교에 장학금으로 써 달라고 기부하는 몇몇 노인들의 이야기는 아마도 방송을 통해 보았을 것입니다. 이같이 가진 것이 없을지라도 나눌 수 있는 넉넉한 마음을 가진 사람이 진정한 부자입니다.

노년기에 자신을 비우고 새롭게 시작한다는 것은 모험일 것입니다. 그러나 비우면 더 좋은 것으로 채워집니다. 세상 것을 비우면 하늘의 것으로 채워집니다. 성경은 말씀하고 있습니다. "그런즉 누구든지 그리스도 안에 있으면 새로운 피조물이라 이전 것은 지나갔으니 보라 새 것이 되었도다"(고후 5:17).

물욕과 재산 정리

🍁우리가 살아가는 데 중요한 '3가지 금'이 있습니다. 돈을 상징하는 황금, 음식을 상징하는 소금, 시간을 상징하는 지금, 이 세 가지입니다. 이 말을 처음 알게 된 어느 남자가 멋진 말이라고 생각해서 아내에게 문자 퀴즈를 냈습니다. "여보야, 세상 살아가는데 중요한 세 가지 금이 뭐라 생각하노?"

잠시 후 아내에게서 문자가 왔습니다. "현금, 지금, 입금." 이 문자를 보고 남편이 허겁거리며 다시 문자를 보냈습니다. "방금, 쬐금, 입금."

생일을 맞은 아내에게 어느 남편이 "생일 선물로 뭐 해줄까?"라고 물었습니다. 아내는 잠시도 주저 없이 "나는 현금이 좋아!"라고 말했습니다. 아내가 가장 좋아하는 것은 현금입니다. 아이들이 가장 좋아하는 것도 현금입니다. 나이 드신 부모님은 어떨까요? 부모님이 살아계신 젊은 분들은 부모님 역시 현금을 가장 좋아하신다는 사실을 알아야 합니다. 남녀노소 누구를 막론하고 가장 좋아하는 것은 현금입니다. 그래서 뭐니 머니해도 '머니(money)'가 최고라고 합니다.

노년기가 되면 세상만사에 초연할 것이라고 생각하는 것은 잘못된 생각입니다. 사람은 나이가 들어서도 물욕과 결별하지 못합니다. 나이가 들면서 오히려 더 집착하는 것이 돈입니다. 왜 그럴까요? 오늘날은 노년의 삶을 자식에게 의지하기가 어렵습니다.

스스로 삶을 살아야 하는데 돈 밖에 의지할 것이 없기 때문입니다. 모든 것이 연약해진 상태에서 중병이 들거나 어려움이 생길 때 현실적으로 자신을 지켜 줄 수 있는 수단이 돈이기 때문에 과도한 집착으로 나타나는 것입니다.

인간에게는 세 가지 기본적인 욕망이 있습니다. 육체적인 욕망, 명예의 욕망, 물질에 대한 욕망입니다. 청년기에는 성적인 유혹이 덫이 될 수 있고, 중년기에는 명예욕이 덫이 될 수 있고, 노년기에는 물욕이 덫이 될 수 있습니다.

젊은 시절에 이상을 품고 깨끗하고 멋지게 살다가 삶의 마지막을 물욕 때문에 낙서하듯 마치는 사람들이 있습니다. 노년기에는 더욱 신앙으로 살아야 합니다. 남은 생애는 살든지 죽든지 주님께 맡김으로써 물욕에 발목이 잡히지 않도록 해야 합니다.

큰 재산을 가지고 있던 부모가 세상을 떠난 이후 자식들이 유산을 가지고 다투며 법정에까지 가는 추한 일들이 벌어지는 모습을 종종 보게 됩니다. 부모는 자식들이 재산을 가지고 분쟁하는 일이 없도록 떠나기 전에 미리 유산 정리를 해야 합니다.

아브라함은 죽음에 앞서 자식들에게 재산을 분배하고, 유산을 정리함으로써 우리에게 이 일에 대한 모범을 보여주었습니다. 창세기 25장을 보면 아브라함은 살아 있을 때 이삭에게 모든 기업을 물려주었습니다(창 25:5-6).

아브라함에게는 이삭 외에도 사라의 몸종 하갈에게서 낳은 이스마엘과 후처가 낳은 여섯 아들이 있었습니다. 아브라함은 사라가 죽은 이후 38년을 더 살았는데, 그동안에 그는 그두라를 후처로 맞이하여 시므란, 욕산, 므단, 미디안, 이스박, 수아를 낳았습니다(창 25:1-2).

아브라함에게는 여덟 명의 아들이 있었지만 약속의 아들은 이삭 한 사람이었습니다. 아브라함은 다른 아들들에게도 적절히 재물을 주어 이삭으로부터 멀리 떠나도록 했습니다. 이것은 아브라함이 자기가 세상을 떠난 후에 자식들 간의 분쟁으로 인해 이삭이 어려움을 당하지 않도록 하기 위해서 취한 적절한 조치였습니다.

아브라함은 노년에 죽음을 준비한 것이 아니라 사는 동안 내내 죽음을 준비했습니다. 그랬기 때문에 특별한 죽음 준비가 필요 없었고, 아울러 별다른 문제없이 아름다운 죽음을 맞이할 수 있었습니다. 아브라함은 175세를 살고 기운이 다했을 때 하나님께 부름을 받았습니다.

우리가 물질을 소유한다는 것은 이 세상에서 순례자로 살아가는 동안 당분간 필요한 것들을 보관하는 것이지 그것을 영원히 소유하는 것은 아닙니다. 하나님 나라를 위해서 필요하다면 주님께 받은 것을 기꺼이 도로 내어놓을 수 있어야 합니다.

아브라함 뿐 아니라 다윗도 그가 살아 있는 동안에 깔끔하게 재산을 정리했습니다. 그는 자신이 평생에 모은 개인 재산을 자식들에게 물려주지 않았고, 성전 건축을 위하여 모든 것을 하나님께 기쁘게 예물로 드렸습니다. 그가 드린 예물은 금 3천 달란트(약 102톤), 은 7천 달란트(약 242톤)이었습니다.

세상을 떠날 때 동전 하나도 가지고 갈 수 없다는 사실을 잊지 말아야 합니다. 살아 있는 동안 주님을 위하여 가지고 있는 모든 것을 다 쓰고 남겨놓은 것 없이 가야 합니다.

제가 정말 존경하는 기업인은 유한양행의 설립자인 유일한 회장입니다. 그는 기업을 개인의 사유물이 아니라 사회적 기구라고 생각했고, 평생 한 번도 갑(甲)질을 한 적이 없었고, 수없이 해외 출장을 다니면서도 비즈니스 클래스나 퍼스트 클래스를 이용하지 않았습니다.

1969년 유일한 회장은 노환으로 경영에서 은퇴하며 가족이 아닌 전문 경영인에게 유한양행의 경영권을 인계했습니다. 당시 조권순 전무에게 경영권을 승계했는데, 이 전문 경영인 제도가 실시된 건 대한민국에서 유한양행이 최초였습니다.

기업인이지만 올곧은 삶을 살았던 유일한 회장은 76세를 일기로 1971년 3월 11일 세상을 떠났습니다. 그가 떠난 후 남겨진 그의 유품들은 일상생활에 꼭 필요한 물건들 몇 가지와 구두 두 켤레, 양복 세 벌 밖에 없었습니다.

유일한 회장의 유언장이 공개되자 언론매체에서는 신선한 충격을 받은 듯 '나의 전 재산 학교 재단에', '아들엔 한 푼 없이 자립하라.'라는 식으로 제목을 달아 대서특필했습니다. 유언장은 모두를 놀라게 했지만 그의 삶을 돌아보면 충분히 가능한 일이었습니다.

시내버스 요금이 10원, 라면이 20원, 자장면이 60원이던 때에 유일한 회장이 전액 기부한 재산은 407억 원이었습니다. 그 시절 평생 모은 재산을 사회에 내놓는 것은 유래가 없는 일이라서 당시에는 커다란 파문을 일으켰습니다.

유일한 회장의 유언장이 공개되자 언론매체에서는 신선한 충격을 받은 듯 '나의 전 재산 학교 재단에', '아들엔 한 푼 없이 자립하라.'라는 식으로 제목을 달아 대서특필했습니다. 자신의 모든 소유를 자식들에게 대물림하지 않고 사회에 고스란히 환원한 일한의 결단과 정신은 우리 사회에서 두고두고 귀감이 되고 있습니다.

부자들이 국민들에게 존경받으려면 부를 축적되는 과정이 정당해야 하고, 재생산해서 경제가 발전하는 데 기여해야 하고, 재산을 대물림하더라도 정당해야 합니다. 이런 점에서 유일한 회장은 이 시대 재벌 기업이나 우리 모두에게 본을 보여준 존경받는 기업인이었습니다. 유일한 회장의 숭고한 뜻을 가슴 깊이 새기며 살아왔던 딸 유라 씨도 1991년 세상을 떠나면서 힘들게 모아 두었던 전 재산을 사회에 환원했습니다.

비단 기업인에 해당되는 것은 아니지만, 사회적으로 성공하고 실패하고의 차이는 단순히 돈을 많이 벌고 적게 벌고의 차이가 아니라 사회에 얼마나 잘 환원하느냐의 차이입니다. "내가 노력해서 얻은 돈을 내 맘대로 쓰겠다는데 무슨 상관이야?"라고 말하는 사람도 분명 있을 것입니다. 하지만 그 기업을 키워준 사회로 이윤을 되돌려주는 일은 참으로 아름답고 용기 있는 일입니다.

제가 존경하는 또 한분은 장기려 박사입니다. 저는 부산으로 출장을 갈 때면 가끔씩 시간을 내서 이곳을 들립니다. 그 이유는 평생 가난한 이웃에게 나눔을 실천한 장기려 박사의 뜻을 기리는 기념관이 있기 때문이기도 하며, 그와 만남의 인연을 추억하기 위해서입니다. 부산 역 길 건너편에 있는 산동네는 우리들이 어릴 적 살아왔던 일상의 추억을 그대로 간직하고 있습니다. 한 두 시간이면 돌아볼 수 있는 코스입니다.

그는 복음병원장(1951-1976년), 청십자병원장(1975-1983년), 부산아동병원장(1976년), 부산백병원 명예원장(1983년) 등 병원장으로 40년, 서울의대 교수(1953-1956년), 부산의대 교수 및 의대 학장(1956-1961년), 서울 가톨릭의대 교수(1965-1972년), 복음간호대 학장(1968-1979년) 등 대학에서 20년을 일했습니다.

그러나 그에게는 서민 아파트 하나, 죽은 후에 묻힐 공동묘지 한 평조차 없었습니다. 그의 인생에는 돈과 명예가 다 부질없는 지푸라기에 불과했습니다. 말년에는 고신의료원 10층의 24평 남짓한 사택에 거주하며 가진 것 없이 검소한 삶을 살았습니다.

그는 "늙어서 별로 가진 것이 없다는 것이 다소 기쁨이기는 하나 죽었을 때 물레밖에 안 남겼다는 간디에 비하면 나는 아직도 가진 것이 너무 많다."라며 겸손해 했던 그는 세상을 떠나는 날 통장에 달랑 천만 원을 남겨 놓았고, 그마저도 간병인에게 줘 버리고 빈손으로 떠났습니다.

한 부자가 어느 목사님에게 찾아와 물었습니다. "왜 모든 사람들이 언제나 나를 인색하다고 비난할까요? 내가 죽은 다음에 자선 사업 기금으로 내가 가진 모든 것을 남기기로 했다는 것을 모두 알고 있으면서 말입니다."

"글쎄요…. 목사님은 잠시 생각에 잠기더니 대답했습니다. "제가 돼지와 암소에 대한 이야기를 하나 해드리지요. 하루는 돼지가 암소를 찾아와 불평하기를, 자기는 도무지 사람들에게 인기가 없다고 투덜댔습니다. '사람들은 언제나 너의 점잖고 친절한 태도에 대해서 이야기하더군. 너는 사람들에게 우유와 버터를 주지만 나는 그 이상을 주지. 나는 그들에게 베이컨과 햄, 그리고 털을 줘. 심지어 그들은 내 다리까지 절여 먹잖아! 그런데도 아무도 나를 좋아하지 않아. 나는 언제나 돼지일 뿐이야. 왜 그럴까? 그러자 암소는 이렇게 대답했습니다. '아마도 나는 살아 있는 동안 주기 때문일 거야!'"

집도, 차도 없이 임대 아파트에서 살며 35년간 9조 5천억 원을 기부한 미국의 기업인 척 피니(Chuck Feeney)의 좌우명은 '수의에는 주머니가 없다.'였습니다. 그는 이런 말을 했습니다. "기부는 하루아침에 이루어지는 일이 아닙니다. 기부를 하고 싶다면 살아있는 동안에 하라고 말하고 싶습니다. 그렇게 하면 죽을 때까지 기다리는 것보다 더 큰 만족을 얻을 수 있기 때문이죠."

노년의 아름다움은 주는 데서 빛이 납니다. 성경은 "우리가 세상에 아무 것도 가지고 온 것이 없으매 또한 아무 것도 가지고 가지 못하리니"(딤전 6:7)라고 말씀하고 있습니다. 빈손으로 왔다가 빈손으로 돌아가는 것이 인생입니다. 이제 떠날 날이 눈앞에 다가온 노인들로서는 더 이상 움켜쥐고 있어야 할 필요가 없습니다. 하나라도 남기지 말고 살아있는 동안 아낌없이 주고 떠날 수 있어야 합니다.

인도의 기업가 프렘지는 세계적으로 유명한 구두쇠입니다. 위프로 회장인 그가 타고 다니는 자동차는 도요타의 코롤라입니다. 코롤라는 해외시장에서 현대자동차의 아반떼와 경쟁을 벌이는 준중형 차입니다. 심지어 2005년 이 차를 사기 전까지는 포드의 소형차 에스코트(1996년식)를 타고 다녔습니다.

해외로 출장을 갈 때면 비행기는 이코노미 클래스, 숙소는 게스트하우스를 이용했습니다. 회사에서도 직원들이 퇴근한 후 사무실 전등이 꺼졌는지 일일이 확인하며, 화장실 휴지 사용량까지 점검할 정도였습니다. 아들 결혼식에서 고급 접시가 아닌 일회용 종이접시를 사용했습니다.

하지만 심하다 싶을 정도의 검소함에는 그만의 이유가 있었습니다. '성공에 겸손하라.'라는 것이 그의 철학입니다. 그는 "성공은 많은 사람들의 도움이 있어서 가능한 것이었기 때문에, 성공한 사람들은 사회에 대한 고마움과 책임의식을 가져야 한다."라고 강조합니다. 성공한 사람일수록 거만함과 사치를 경계해야 한다는 것입니다.

그는 정경유착으로 성장한 인도의 많은 대기업들과 달리 정부에 뇌물이나 정치 자금을 일절 주지 않는 것으로도 유명합니다. 대신 회사 성장의 열매를 직원들과 함께 나눕니다. 그는 1984년 '위프로 공평한 보상위원회'(WERT : Wipro Equity Reward Trust)를 설립해 직원들이 일정한 기준에 따라 회사 주식이나 배당금 등을 받을 수 있도록 했습니다. WERT와 직원의 공동 명의로 발행된 주식은 4년이 지나면 해당 직원에게 양도되고, 직원이 퇴직하거나 사망하면 상속인이 양도받을 수 있도록 했습니다. 그래서 인도인들은 프렘지를 '정직한 기업인', '절약하는 회장님'이라고 부르고 있습니다.

프렘지는 기부에 있어서도 인도에서 가장 '큰손'입니다. 그가 가장 열정을 쏟는 부분은 초등학교 교육입니다. "교육은 공정하고 인간적이며 지속 가능한 사회를 구축하기 위한 필수 요소"라는 소신을 가진 프렘지는 2001년 사재 5,000만 달러(약 600억원)로 교육재단을 설립했습니다. 제대로 된 초등교육이야말로 인도의 빈곤 탈출과 삶의 질을 향상시키기 위한 지름길이라고 믿기 때문입니다. 그는 매년 500만 달러씩 기부해 초등학교에 학습법, 교사 커리큘럼, 재정 등을 지원하며 2만 5,000여 개 학교의 200만여 명 학생들을 후원해왔습니다.

아프리카 속담에 "한 명의 아이를 키우기 위해서는 하나의 마을이 필요하다."라는 말이 있습니다. 아이를 키우는 일이 그럴진대 수십에서 수천만 명이 몸담고 있는 회사를 운영하는 일은 어떨까요? 프렘지는 그 답을 잘 알고 있습니다. 그는 BBC와의 인터뷰에서 "나의 부와 성공에 대한 사람들의 시기와 박탈감을 충분히 이해한다. 내게 주어진 부는 단지 나 한 사람이 누려야 할 것이 아니라 여러 사람들과 나누어야 할 과실(果實)이다. 나는 회사 직원과 고객, 심지어 이 사회 구성원 전체와 그 과실을 공정하게 나눌 커다란 책무를 지고 있다."라고 얘기한 바 있습니다.

프렘지는 겉으로 보면 차가운 구두쇠 스크루지입니다. 그러나 그의 속은 따뜻한 산타클로스입니다. 그는 자신의 부와 성공에 대한 사회적 책임감을 가슴 깊이 새길 줄 아는 재벌이었습니다. 사회에 대한 책임감이 스크루지의 외형을 한 산타클로스 회장님을 있게 했습니다. 인생의 전반을 채우면서 살았다면 인생의 후반은 버리면서 살아야 합니다.

노년기의 홀로서기

2015년 인구 주택 총 조사에 따르면 한국의 1인 가구는 전체 가구 1,911만 1,000가구의 27.2%인 520만 3,000가구였습니다. 나 홀로 사는 사람들이 점점 늘어나고 있습니다. 특히 젊은 층에서 혼자 살고, 혼자 하는 것이 유행처럼 번지고 있습니다. 그 이름과 종류도 다양합니다. 혼영(혼자 영화보기), 혼행(혼자 여행하기), 혼창(혼자 노래 부르기), 혼캠(혼자 캠핑가기), 혼밥(혼자 밥 먹기), 혼술(혼자 술 마시기), 등 혼자 무언가 하려 합니다.

그러다 보니 TV 매체에서도 '혼술남녀', '나 혼자 산다.'라는 제목의 내용들이 방영되고 있습니다. 혼자 하는 이유는 간단합니다. 혼자 있는 것이 좋아서입니다. 나 홀로를 선택하는 것은 사회적으로 삐딱해서도 아니고 다른 사람과 어울리지 못해서도 아님니다. 그럴 필요를 느끼지 않기 때문입니다. 쓸데없는 잡담으로 정신이 산만해지는 것을 원하지 않아서입니다. 억지로 다른 사람의 비위를 맞추어야 하는 피로감에서 벗어나기 위해서입니다. 싱글족, 나홀로족은 "집단 속에서 외로움을 느끼게 하는 사람들과 부대끼느니 나 혼자 있는 것이 도리어 덜 외롭고 덜 쓸쓸하다."라고 말합니다.

이러한 시대의 변화 속에서 요즘의 노인들도 노후의 삶을 자식들에게 의존하기보다 독립적이고 스스로 자유롭게 보내기를 원합니다. 그러나 이것은 부부가 함께 있을 경우입니다. 전통적인 결혼관계 속에서 평생을 함께 한 부부의 경우는 혼자 산다는 것이 너무나도 낯설고 힘들게 느껴집니다.

남편들의 경우 음식을 먹는 일에 있어서는 거의 대부분 아내에게 의지하고 있습니다. 요즘은 남편들도 요리에 관심을 갖고 직접 만들어 먹기도 하지만 구시대의 노인들은 아내가 음식을 차려주지 않으면 굶을 수밖에 없습니다.

일반적으로 남편을 먼저 떠나보낸 아내는 곧 기운을 되찾고 오래 살지만 아내를 먼저 떠나보낸 남편은 아주 빠르게 쇠약해지고 대부분 아내의 사후 몇 년 안에 아내의 뒤를 따라 세상을 떠나게 됩니다. 어느 통계에 의하면 평균적으로 남자는 아내가 떠난 후 3년, 여자는 남편이 떠난 후 15년을 더 산다고 합니다.

겉보기에는 남자가 더 강하고 용감한 것 같지만 실상은 남자는 여자에 비해 고독에 약하고 자립성이 부족합니다. 남자와 여자의 차이는 근본적으로 재료의 차이에서 찾을 수 있습니다. 성경을 보면 남자는 흙으로 만들어지고, 여자는 남자의 갈비뼈로 만들어졌습니다. 남자가 '토기'라면 여자는 '본 차이나'라고 할 수 있습니다. 토기는 떨어지면 쉽게 깨지지만 본차이나는 잘 깨지지 않습니다. 우수개 소리지만 사실 그렇습니다.

성경은 하나님이 여자를 만드실 때의 상황을 이렇게 기록하고 있습니다. "여호와 하나님이 이르시되 사람이 혼자 사는 것이 좋지 아니하니 내가 그를 위하여 돕는 배필을 지으리라"(창 2:18). 그리고 아담을 깊이 잠들게 하신 후 그의 갈빗대로 여자를 만드셨습니다.

여자는 아담의 '돕는 배필'로 지음 받았습니다. 여기에 사용된 '돕는'이라는 히브리어 '에제르'는 시편에서 하나님께 이스라엘을 돕는다고 할 때 사용되는 특별한 낱말입니다. 따라서 돕는 배필이라는 말은 하나님의 도움이 아니면 이스라엘이 쓰러질 수밖에 없는 것처럼 아내의 도움이 없으면 남편은 쓰러질 수밖에 없다는 강력한 의미를 지니고 있습니다.

실제로 그렇습니다. 아내에게 인정받는 사람은 밖에 나가서 당당하게 일하지만 아내에게 인정받지 못하는 사람은 아무리 유능

해도 자신감을 잃어버리고 경쟁에서 밀리게 됩니다. 온달 장군에게 평강 공주의 존재가 절대적이었던 것처럼 모든 남편에게 있어서 아내의 도움은 절대적입니다.

아내가 떠난 후 유난히 더 힘들어하는 사람들은 소위 현모양처 아내를 두었던 남편들입니다. 이들은 평소에 아내가 하나부터 열까지 시중을 들어주어 집안일은 거의 할 기회가 없었던 데다가 집안 곳곳 아내의 흔적이 없는 곳이 없기 때문에 아내가 세상을 떠나면 불편함과 그리움이라는 이중의 고통에 빠져 살아갈 기력을 잃고 맙니다.

그렇기 때문에 남편에게 아내는 절대적으로 필요한 존재입니다. 그러나 아내의 경우는 남편이 늘 곁에 있는 것이 오히려 부담스럽게 여깁니다. 남편들이 은퇴 후 젖은 낙엽이 되어 아내로부터 불편함을 느끼는 것은 가족에 대한 기여도가 평소에 없었기 때문입니다.

어느 할머니가 고등학교 동창회에 다녀왔는데 표정이 시무룩하고 아주 어두웠습니다. 할아버지가 "왜 그려"라고 물어봅니다. "별일 없어요."라고 대답합니다. 할머니 눈치를 보던 할아버지가 "별일 아니긴 뭔 일 있구먼!"이라고 말하자 할머니는 빽 소리치며 "아니라니께!"라고 소리쳤습니다.

할아버지는 옛날 젊은 시절에 할머니에게 무관심하게 대한 것이 생각나서 "당신만 밍크코트가 없었어?" "당신만 다이아 반지가 없었어?"라고 묻습니다. 그래도 할머니는 깊은 한숨만 쉬고 아무 말을 하지 않습니다. 할아버지가 "그럼 뭐여 ~?"라고 할머니를 다그치자 할머니가 하는 말씀이 "에휴 ~ 나만 영감이 살아 있잖아!"라고 했답니다. 요즘은 남편이 오래 사는 것도 아내에게 스트레스인 것 같습니다.

수년 전 유행한 '간 큰 남자' 시리즈는 세상 변한 줄 모르고 아내에게 겁 없이 행동하는 남편들을 풍자한 내용들입니다. 이 중에 50대 간 큰 남자는 '아내 외출 시 어디 가느냐고 묻는 남자'이고, 80대 간 큰 남자는 '아침에 눈 뜨는 남자'입니다

정년퇴직이 본격화되는 50대 중반 이후 남자들이 가정에서 천덕꾸러기 신세로 전락하고 있는 것이 오늘날의 현실입니다. 퇴직한 남자들은 공통적으로 식사 해결이 가장 어려운 일과라고들 푸념합니다. 하루 종일 집에 있으면서 아내에게 매끼 챙겨 달라고 조르기엔 아내 눈치가 보인다는 것입니다. 나이가 들면 남편은 점점 아내의 눈치를 보며 살게 됩니다. 오래전부터 들어온 이야기지만 오죽하면 '남자가 무서워하는 여자' 시리즈까지 있겠습니까?

30대 : 신용카드 - 이리저리 막 그어서 청구서가 날아올 때 마다 가슴이 조인다.

40대 : 야한 속옷 - 아내가 야한 속옷 입고 서성이면 두렵다.

50대 : 곰국 - 한 솥 가득 끓여놓고는 그것으로 끼니를 때우라 하고 아내는 3박 4일 여행 간다.

60대 : 이사 - 혹시나 버려두고 이사갈까봐 이사 가는 날 아내가 좋아하는 애완견 껴안고 조수석에 붙어 꼼짝 안한다.

70대 : 등산 - 혹시 산에 내다 버려질까봐.

나이가 들수록 아내 앞에서 무기력해지는 남자의 모습을 풍자한 것입니다. 과장된 내용이기는 하지만 노년기의 홀로서기를 교훈하고 있습니다.

이탈리아를 대표하는 여성작가인 엘레나 페란테의 심리 소설 『홀로서기』는 어느 날 갑자기 남편으로부터 일방적인 이별 통보를 받고 상실의 고통에 빠진 여성의 복잡한 심리를 직설적이고 솔직하게 잘 묘사한 수작(秀作)으로 각광받고 있습니다.

이혼으로 홀로서기를 해야 하는 경우도 있지만 배우자의 사별로 인해 홀로서기를 해야 하는 경우도 있습니다. 미나또 아끼꼬의 『여성의 홀로서기』는 후자의 경우입니다. 남편과 사별한 미나또 아끼꼬는 이 책에서 자신이 그동안 남편에게 얼마나 의존되어 있었는지 확인하면서 여성들에게 홀로 설 수 있는 길을 제시하고 있습니다.

지금까지 전적으로 아내에게 의존한 채 살아왔습니다. 『여성의 홀로서기』를 읽으면서 아내만 남편에게 의존되어 있는 것이 아니라 남편도 아내에게 의존되어 있다는 것을 알게 되었습니다. 홀로서기 문제를 가지고 아내와 이야기를 해 보았습니다. 나뿐 아니라 아내 역시 이 문제에 대한 대안을 가지고 있지 못했습니다.

아무리 금슬이 좋아도 한날에 죽을 수 없는 일입니다. 2015년 기준으로 우리나라 남자의 평균 수명은 78세이고, 여자의 평균 수명은 85세입니다. 부부의 나이 차이가 3-4정도 차이가 난다면 일반적으로 아내는 남편보다 10년 정도 혼자 더 살아야 합니다. 저의 주변을 둘러봐도 어머니와 장모님을 비롯해서 혼자 계신 노인들은 모두 할머니들뿐입니다.

우리나라 홀몸 노인의 수가 100만을 넘어선지 이미 오래 되었습니다. 노인들에게는 '밤새 안녕'이라는 말이 결코 가벼운 인사말이 아닙니다. 노년기에 접어들면 어느 날 갑자기 다가올 수 있는 이별을 위해 미리 마음 준비를 하고 홀로 설 수 있는 준비를 해야 합니다.

이별을 위한 준비 중의 하나는 혼자 놀기입니다. 현재는 주변에 가족들이 있고, 친구들도 있지만 혼자 남을 때를 대비해서 혼자만의 시간을 가져보는 것도 좋은 방법입니다. 지금부터라도 영화관에도 혼자 가고, 옷도 혼자 사보고, 음식점에도 혼자 들어가보아야 합니다.

이 글을 쓰면서 고민이 빠졌습니다. 지금까지 그림자처럼 함께한 아내를 생각하게 됩니다. 어디를 가나 항상 곁에 있었던 아내인데 '만약 갑작스런 일로 함께 하지 못한다면 어떻게 살아갈까?' 라는 생각이 들었습니다. 물론 괜한 걱정인 것을 알고 있습니다. 하지만 이제는 홀로 서기 연습을 시키려합니다. 혼자 여행도 가보도록 하고, 혼자 하는 일을 만들어 보려합니다.

아내보다 저 또한 홀로 서기 연습을 해야 할 것 같습니다. 저는 어디를 가든지 아내와 함께 가고, 함께 하기를 좋아합니다. 그래서 이제라도 혼자 하는 연습을 하려 합니다.

노년에 마땅한 소일거리가 없어 공원을 찾거나 경로당에 나가 장기나 바둑 등으로 시간을 보내는 것이 노인들의 일상입니다. 그것이 싫다면 은퇴 후에도 할 수 있는 일을 찾아야 합니다. 죽는 날까지 일거리가 있다는 것은 최고의 행복입니다. 혼자 있어도 외롭지 않으려면 인터넷도 하고, 블로그도 만들어 운영하고, 혼자 여행을 하면서 블로그에 올릴 사진도 찍고, 자기 자신과 대화할 줄 알아야 합니다.

황안나 씨는 초등학교 교사로 40년간 활동하다가 1998년도에 은퇴한 후, 나이 육십에 도보 여행가라는 새로운 인생을 시작했습니다. 65세에 블러그를 개설했고, 해남에서 통일 전망대까지 800km 도보 행군을 시작으로 66세에 첫 책인 『내 나이가 어때서』를 출간했으며, 67세에 우리 땅 해안선 4,000km 일주를 했습니다.

69세 때에는 26시간 동안 잠도 안자고 걷는 100km 울트라 걷기 대회에서 여성 최고령자로 참가해 46등으로 완주했으며 아들과 며느리와 함께 스페인 산티에고의 길을 완주했습니다. 2008년 자신의 블러그에 올렸던 실수담을 엮어 『실수 9단, 행복 10단』이라는 즐거운 인생 비법서를 출간했으며, 2010년 9월에는 발트 3국(에스토니아, 라투비아, 리투아니아)을 도보 일주했습니다.

그녀가 길을 떠나게 된 동기는 소박합니다. 평생을 형제와 남편과 자식들만을 위해 살다가 퇴직을 하고 갑자기 시간이 남자 자신이 원하는 일을 혼자서 해봐야겠다는 생각이 들어서였습니다. 첫 도보 여행에는 남편에게 등산 동호회와 함께 떠난다고 거짓말을 했다고 합니다. 그렇게 시작한 그 여행에서 그녀는 그동안 잃어버렸던 자신을 되찾았고, 소녀 시절의 꿈을 이루었으며 이제는 많은 노인 세대들의 모범으로 다시 태어났습니다.

인간은 올 때 혼자 왔습니다. 갈 때도 혼자 가야 합니다. 아무리 헌신적인 아내와 남편이라고 해도 그 길을 같이 갈 수 없습니다. 죽음의 길은 누구도 동행할 수 없는 외롭고 두려운 길입니다.

이것이 우리가 기억해야 할 죽음의 현실입니다.

　노년기에 접어들면 그 길이 외롭고 두렵지 않도록 미리 준비해야 합니다. 그 준비는 예수님을 구주로 모셔 들이고 동행하는 것입니다. 예수님은 우리와 영원토록 함께 하시겠다고 마태복음 28장 20절에 다음과 같이 약속의 말씀을 하셨습니다. "내가 세상 끝 날까지 너희와 항상 함께 있으리라."

노후 준비보다 더 중요한 것

평균 수명이 늘어나면서 노후 준비는 우리 사회의 주요 현안의 하나로 등장했습니다. 은퇴해서 숨질 때까지 1인당 얼마를 준비해야 한다느니, 노후 준비는 역시 부동산이 최고라느니 해결책도 백가쟁명(百家爭鳴)입니다.

우리는 내일을 알 수 없습니다. 언제 어떤 불행한 일을 당할 지 알 수 없습니다. 하루에도 수많은 사건, 사고들이 일어납니다. 누구도 예외일 수 없습니다. 언젠가 나도 어려운 일을 당할 수 있습니다. 그렇기 때문에 내일을 대비하며 살아야 합니다.

요즘은 노후 대비를 위한 온갖 종류의 보험들이 마련되어 있습니다. 그러나 그 모든 보험들은 우리 육신의 삶을 위한 것입니다. 우리의 사후를 보장해주는 보험은 하나도 없습니다. 저의 종교는 기독교입니다. 그러기에 노후 준비는 일반인과는 다릅니다. 저는 세상보험보다는 천국보험에 더 관심을 가지고 살아갑니다.

어느 보험 사원이 나이 많은 어른에게 보험 가입을 권했습니다. 그러자 할아버지가 대답했습니다. "그래, 생명보험에 가입하면 내가 죽지 않소?" "그런 것은 아닙니다. 돌아가신 후에 가족들이 도움을 받습니다." "그렇다면 내 생명과는 관계가 없구먼!" 그래도 자꾸 가입하라고 권하니까 할아버지는 그 직원에게 제안을 하나 했습니다. "그러면 내가 그 보험에 들 테니 자네도 내가 말하는 진짜 생명보험에 들게!"

할아버지의 말에 보험사 직원은 어리둥절해 하며 물었습니다. "진짜 생명보험이라니요? 그게 어떤 것인데요?" 그러자 할아버지는 보험사 직원에게 "하늘나라 생명보험 말일세!"라고 하며 복음을 증거 했다고 합니다. 우리에게 진짜 필요한 보험은 천국 보험입니다.

"예수님을 믿고 구원을 받으라."라고 하면 많은 사람들이 "나중에 믿겠다."라고 합니다. 나중에 라는 말은 젊어서는 내 마음대로 살고 죽을 때 쯤 되어서 그때 한 번 생각해 보겠다는 뜻입니다. 이렇게 대답하는 것은 대개 신앙생활을 하는 것이 왠지 자유를 구속받는 것 같이 여겨지기 때문입니다.

그러나 문제는 누구도 내일을 알 수 없다는 것입니다. 내일을 알 수 있다면 굳이 보험을 들 필요가 없습니다. 내일을 알 수 없기 때문에, 언제 무슨 일이 닥칠지 모르기 때문에 보험에 드는 것입니다. 우리의 죽음도 그렇습니다. 우리가 언제 죽게 될는지 알수 없습니다. 어느 날 갑자기 하나님께서 오라고 부르시면 지체 없이 가야하는 것이 우리 인생입니다.

그러기에 미루면 안 됩니다. 지금 즉시 천국 보험에 가입해야 합니다. 세상의 보험은 가입하는데 돈이 들지만 천국 보험은 돈이 필요하지 않습니다. 예수님을 믿기만 하면 됩니다. 그러면 언제 죽음에 이르러도 천국을 보장받을 수 있습니다.

그래도 신앙생활을 하는 것이 손해 보는 것 같이 생각을 하는 사람들을 위해 파스칼은 『팡세』에서 신을 믿어야 할 것인가, 말 것인가에 대하여 답을 주었습니다.

A란 사람과 B란 사람이 있습니다. A는 하나님을 믿고 그분의 가르침대로 살았습니다. 천국이 있다면 A는 영원한 생명을 얻고 상급 또한 무한대로 받게 될 것입니다. 하지만 죽어서 신이 없다는 것을 알게 됐을 때는 약간의 손해를 보게 됩니다.

한편 하나님이 없다고 믿은 B는 자기 욕망대로 살다 죽었습니다. 하나님이 계시다면 그는 잘못 살아온 자신의 삶으로 인해 영원한 벌을 받을 것입니다. 하지만 그 반대라면 자기 욕망대로 산 그만큼의 이익을 보게 될 것입니다.

도박꾼에게 가장 합리적인 선택은 가능한 한 최고의 상금을 타면서도 손해는 가장 적게 보는 쪽에 거는 것입니다. 신의 존재를 놓고 도박할 경우 하나님 쪽에 걸어야 이긴다는 게 파스칼의 결론입니다. 그는 이런 말을 남겼습니다. "하나님이 있다는 쪽에 내기를 걸어라. 만일 이긴다면 무한한 행복을 얻을 수 있고, 진다해도 잃을 게 없지 않은가? 그러니 주저하지 말고 믿어라."

예수님은 "나는 부활이요 생명이니 나를 믿는 자는 죽어도 살겠고 무릇 살아서 나를 믿는 자는 영원히 죽지 아니 하리니 이것을 네가 믿느냐?"(요 11:25-26)라고 말씀하셨습니다. 이 말씀에 자신 있게 답을 할 수 있는 사람은 천국 보험을 탈 수 있는 사람입니다.

그러면 우리가 소망하는 천국은 어떤 곳일까요? 저의 아버지는 세상을 떠나시기 몇 달 전에 천국 꿈을 꾸셨는데 그 꿈으로 인해 저와 가족들이 큰 위로와 확신을 얻었습니다.

아버지는 꿈속에서 흰 세마포 옷을 입은 어떤 사람의 손에 이끌려 어디론가 가게 되었는데, 도착해보니 앞에 큰 산 같이 거대한 성이 나타나고 문 앞에 서니 문이 열렸다고 합니다. 안으로 들어서니 황금빛이 찬란한데 좌우로 흰옷 입은 사람들이 반갑다고 손을 흔들며 환영을 해 주었다고 합니다.

아버지는 꿈에서 소망하던 하늘나라를 보신 것입니다. 그리고 밤마다 누군가 불러주는 '주 날개 밑 내가 편안히 쉬네!'라는 찬송

을 따라 부르셨다고 합니다. 저는 찬송을 부른 그 누군가가 천사
인 줄로 믿고 있습니다.

아버지가 잠간 보았던 천국은 요한계시록에 기록되어 있습니
다. 요한이 환상을 통해서 본 천국에는 예루살렘 성이 있는데 그
성의 아름다움은 신부가 남편을 위하여 단장한 것 같다고 했습니
다. 그 성의 빛은 지극히 귀한 보석과 같고 벽옥과 수정 같이 맑
더라고 했습니다. 크고 높은 성곽과 열두 문이 있고, 성곽에는 열
두 기초석이 있으며 성곽은 벽옥으로 쌓였고, 그 성은 정금이며
맑은 유리 같다고 했습니다.

요한은 천국의 아름다움을 온갖 보석으로 표현했습니다. 그러
나 이것은 어디까지나 비유적인 표현이라서 천국의 아름다움은
우리의 상상력을 필요로 합니다. 옛날 사람들이 요즘 세상을 상
상이나 할 수 있었겠습니까? 아마 100년 전의 사람에게 고층빌딩
이 즐비한 오늘날의 서울 시내의 모습을 말해 줬다면 "그런 곳에
어디 있느냐?"라고 믿지 못했을 것입니다. 우리가 천국에 대한 소
망을 품고 위에 것을 바라보는 삶을 살려면 상상력을 발휘해야
할 필요가 있습니다.

또한 천국 예루살렘 성에서는 하나님의 영광된 빛으로 인해 해
나 달의 비침이 쓸 데 없다고 했고, 성문은 모두지 닫히지 않고,
밤이 없다고 했습니다. 그리고 천국에는 어린양의 생명책에 기록

된 자들만이 들어간다고 했습니다.

또한 수정 같이 맑은 생명수의 강이 어린 양의 보좌로부터 나와서 길 가운데로 흐른다고 했고, 강 좌우에 생명나무가 있어 열두 가지 열매를 맺는다고 했습니다. 그리고 잎사귀들은 만국을 치료하기 위해 있더라고 했습니다.

천국의 모습을 어찌 말로 다 형용할 수 있겠습니까? 사도 요한은 자신이 본 천국을 자신의 지식과 언어로 할 수 있는 한 최대한으로 표현했지만 천국을 다 설명하지는 못했습니다. 요한이 본 천국은 전체도 아니고 일부에 불과합니다. 우리는 대충 천국이 어떤 곳인지 알 수 있을 뿐입니다.

지금은 비록 천국에 대하여 희미하게 알지만 주님 앞에 가는 날, 그때에는 얼굴을 대하고 보는 것처럼 그렇게 분명하고 확실하게 알게 될 것입니다. 예수님은 처소를 예비하러 가셨습니다. 천국은 우리를 위해서 준비되어 있습니다.

노후준비도 중요하지만 내세가 존재한다는 것을 믿는다면 사후준비는 더욱 중요합니다. 노인의 삶은 길어야 40년이지만 사후의 삶은 영원하기 때문입니다.

미국의 뇌(腦) 과학자이자이며 신경외과 의사인 이븐 알렉산더는 그의 저서 『나는 천국을 보았다』에서 자신이 죽었다 살아난 임사(臨死)체험에 대한 이야기들을 소개하고 있습니다. 그는 임사체험을 하기 전에는 인간의 의식이란 뇌의 작용일 뿐이고, 타인의 영적 체험이나 신비한 경험도 환상이라 여기는 과학적 회의론자였습니다. 그랬던 그가 2008년 어느 날 갑자기 임사체험을 경험하게 되었습니다.

그는 박테리아성 뇌막염에 걸려 혼수상태에 빠졌습니다. 그는 기적적으로 깨어나면서 자신의 임사체험을 이야기하는데 그곳은 말로 표현할 수 없는 충만함과 신(하나님)의 사랑을 한없이 느꼈다고 말하고 있습니다.

또한 미국의 심리학자 레이먼드 무디는 죽음에 이르렀다가 다시 살아난 이들의 증언을 토대로 임사체험에 공통점이 있다는 사실을 알아냈습니다.

임사체험자들에 의하면 자신이 몸 밖으로 나와 의료진이 자신을 알리고 분주히 활동하는 모습을 확실히 보았고, 이미 고인이 된 가족들과 친구들의 영혼을 만났고, 또한 빛의 존재를 따라 터널을 지났다고 합니다. 그들의 체험은 어떤 일정한 패턴을 갖고 있습니다. 자신의 몸에서 빠져나온 후에는 기묘한 소리를 들으며 어둡고 긴 터널에 들어갑니다. 그리고 하얀 빛으로 된 어떤 존재를 만납니다. 이 여행을 체험한 후 현저히 변화된 사람으로 돌아옵니다.

우리는 이러한 사례들을 통해서 죽음은 결코 끝이 아니라는 사실을 확신할 수 있습니다. 죽음 뒤에는 또 다른 세계가 분명히 존재하고 있습니다. 성경에서는 그곳을 음부와 낙원, 곧 천국과 지옥이라고 가르쳐 주고 있습니다.

노후준비는 먹고 살 수 있는 적당한 물질과 시간을 보낼 수 있는 일거리를 마련하는 것입니다. 그렇다면 사후준비는 무엇일까요? 가장 먼저 예수 그리스도를 구주로 믿고 입으로 시인해야 합니다. 그 순간 구원을 받습니다. 어느 광고처럼 순간의 선택이 '평생'을 좌우한다고 하지만 믿음은 평생의 선택이 아닌 '영원'을 좌우합니다. 성경은 기록하고 있습니다. "나를 본 고로 믿느냐 보지 못하고 믿는 자들은 복되도다"(요 20:29). 이처럼 보지 않고도 믿는 자가 복이 있습니다.

아름다운 죽음을 위하여

지하철에서 전도하는 사람을 보면 사람들은 외면하거나 무시합니다. 기독교인조차도 예의가 없다고 생각하며 부끄러워합니다. 그런데 30년 동안이나 지하철에서 복음을 전한 최춘선 할아버지의 삶을 조명하는 영상이 만들어져 인터넷에 올라 사람들의 관심을 끌었던 적이 있습니다. 그는 언뜻 보면 광인(狂人)일 뿐입니다. 저도 서울역 지하도에서 마주한 그를 그렇게 보아왔습니다.

그분은 혹한의 추위에도 맨발로 다니며 쉽게 이해할 수 없는 말들이 가득 적힌 종이를 온몸에 두르고 매일 지하철을 누볐습니다. 그런데 그는 일본 와세다대학을 나왔고, 5개 국어를 할 줄 아는 수재였으며, 김구 선생을 도운 독립 운동가였습니다. 움막에서 기거할 것 같은 할아버지는 한남동의 번듯한 주택에 살고 있었고, 5남매를 목사와 교수 등으로 길러냈습니다.

그런 그가 가진 것을 가난한 자들에게 나누어주고 광인과 같은 전도자가 된 데는 이유가 있었습니다. 중한 병에 걸렸다가 하나님의 은혜로 고침을 받게 되었습니다. 이후 사명을 깨달은 그는 신학을 공부하고 목사가 되었고, 오직 복음 전도에만 전념했습니다.

독립유공자로서 연금을 받을 수 있는데도 보상을 받기 위해 독립 운동을 한 것이 아니라고 거부하고 완전한 독립이 이루어지는 날까지 맨발로 다닐 것이라며 하던 그는 지하철의 전도자로 살다가 지하철에서 잠자듯 앉아서 죽었습니다.

그는 생전에 인터뷰에서 사람에게는 제 각각 사명이 있다는 말을 했습니다. 불행한 죽음으로 여겨지는 객사를 했지만 그의 죽음은 아름다운 죽음이었습니다. 진정 가난한 자만이 갈 수 있는 외로운 길, '맨발의 천사 최춘선!' 그는 자신에게 주어진 사명을 위해 살다가 갔기 때문입니다.

성경을 보면 "내가 달려갈 길과 주 예수께 받은 사명 곧 하나님의 은혜의 복음을 증언하는 일을 마치려 함에는 나의 생명조차 조금도 귀한 것으로 여기지 아니하노라."(행 20:24)라고 말씀하고 있습니다.

흔히 노인들이 '더 살아서 무엇 하나!'라는 말을 합니다. 이런 말은 사명을 잃어버렸기 때문입니다. 사명을 잃어버리면 모든 일이 의미가 없고 허무하게만 느껴집니다. 그렇기 때문에 죽을 때까지 사명을 붙들고 살아야 합니다. 고린도전서 9장 17절에서 또 다시 말씀하고 있습니다. "내가 내 자의로 이것을 행하면 상을 얻으려니와 내가 자의로 아니한다 할지라도 나는 사명을 받았노라."

걸리버 여행기를 쓴 조나단 스위프트가 하인과 함께 여행을 할 때였습니다. 어느 날 흙이 묻은 구두를 닦아놓지 않은 하인을 스위프트가 크게 나무랐습니다. 하인은 눈 하나 깜짝하지 않고 변명을 늘어놓았습니다. "구두를 닦아 봤자 주인님께서 나들이를 하시게 되면 어차피 다시 더러워질 게 아닙니까?"

그 날 오후, 스위프트는 호텔 주인을 불러 저녁 식사는 한 사람 분만 차려오라고 일렀습니다. 이 말을 전해들은 하인은 놀란 얼굴로 달려와서는, 주인님을 모시고 다니려면 자기도 식사를 해야 되는데 무슨 일이냐 하면서 배고픈 시늉을 했습니다.

스위프트는 하인을 바라보고 웃으면서 말했습니다. "이 사람아, 저녁은 먹어 뭣하나? 나들이를 하고 나면 어차피 다시 배가 고파질 텐데 …." 그제야 하인은 부끄러워 아무 말도 하지 못했습니다.

스위프트 하인의 변명의 말은 "다시 내려올 텐데 왜 산에 오르고, 다시 돌아올 텐데 왜 여행을 떠나는가? 어차피 죽을 텐데 왜 사는가?"라는 말과 맥락을 같이 합니다. 존재의 의미, 삶의 의미를 모르면 우리 인생이 그저 던져진 것 같고, 사는 것이 덧없고, 하는 일이 무의미하게 여겨질 수 있습니다.

노년기에 접어들면 세월의 빠름과 함께 인생의 무상이 느껴집니다. 아무리 대단한 업적을 쌓았어도 결국에는 죽어서 흙으로 돌아간다는 사실에 공허함을 느끼며 삶의 의욕을 잃어버립니다. 그래서 노인들은 '빨리 가야 하는데'라고 입버릇처럼 말을 합니다. 그러나 이것은 처녀가 시집 안 간다는 말과 장사꾼이 밑진다는 말과 함께 뻔한 3대 거짓말입니다. 아무도 관심을 갖지 않는 쓸데없는 말로 무시당하지 말고 죽을 때까지 내가 살아야 할 의미를 부여하는 사명을 찾고 최선을 다해서 살아야 합니다.

강원도 홍천군 내면에 사랑이 있는 마을이라는 환우들의 쉼터가 있습니다. 이곳에 김순이 할머니가 사셨는데 1898년에 태어나서 2012년 6월 15일에 돌아가시기까지 114년을 살다가 가셨습니다. 김순이 할머니는 생애 마지막 무렵 아플 때 세배를 받으면 간다는 옛말을 믿고 세배를 받지 않았습니다. 이것이 솔직한 모습입니다.

김순이 할머니는 임종 직전까지 최선을 다하여 사셨습니다. 텃밭 일도 하셨고, 돌아가시던 해에는 부축을 받아가며 당당하게 제19대 국회의원 선거에 참여하여 투표까지 하셨습니다. 114세의 노인이 투표하러 나서자 동행하는 분이 궁금해서 물었습니다. "누구를 찍으시렵니까?" 그러자 할머니는 "욕심 없는 사람을 찍어야지!"라고 답을 하셨습니다.

안정을 호소하는 여당이냐, 심판을 부르짖는 야당이냐, 누가 1당이 되느냐가 초미의 관심인 때에 김순이 할머니는 당보다도, 후보자 개인의 자질을 중요시했습니다. 이런 분에게 노인은 선거 때에 집에 있으라고 감히 말할 수 있을까요?

죽음은 인생의 끝이지만 인간관계의 끝은 아닙니다. 자신이 어떠한 모습으로 죽느냐 하는 문제는 살아남아 있는 사람들에게 오랫동안 영향을 미칩니다. 그러므로 나의 죽음이 남은 자들에게 선물이 될 수 있도록 마지막 순간까지 최선을 다해서 살다가 아름답게 생을 마감지어야 합니다.

EBS에서 방영하는 '세계기행 페루 편'을 보다가 거의 80-100년을 살다가 마지막으로 딱 한 번 꽃을 피우고 시들어 죽는 선인장을 보고 큰 감동과 함께 노년기 삶에 대한 깨달음을 얻었습니다. 그 신기한 선인장은 페루와 볼리비아의 안데스 지역에만 살고 있는 '푸야 라이몬디(Puya raimondii)'입니다.

평상시는 날카로운 가시가 촘촘히 붙은 긴 잎으로 둘러싸인 채로 자라다 80-100년 정도 산후에 6백만 개 이상의 씨를 품은 3천여 개의 꽃을 터뜨리듯 피워냅니다. 춥고 메마른 안데스 산맥의 거친 대지에서 80-100년을 기다리다가 단 한 번 꽃을 피우며 그 후 3개월 동안 살다가 기나긴 생을 마감한다는 이 꽃은 100세 시대를 사는 우리에게 시사하는 바가 큽니다.

우리는 인생을 쉽게 포기하지 말아야 합니다. 꽃을 피우기 위하여 80-100년을 기다리는 '푸야 라이몬디'처럼 오래 참고 기다려야 합니다. 마지막으로 꽃을 피우고 우리의 생애를 마감지어야 합니다. 아직까지 꽃을 피우지 못했다면 삶을 마감 지을 때까지 꽃을 피워보도록 노력해 보아야 하지 않을까요?

저는 인생의 마지막을 의식하고 최선을 다하는 삶을 위해 한 번 해 볼만하다고 생각하는 것이 있습니다. 그것은 바로 '버킷 리스트(Bucket list)' 작성입니다.

버킷 리스트는 2007년에 상영된 영화 〈버킷 리스트〉를 통해 대중적으로 알려졌습니다. 버킷 리스트라는 말은 '죽다'라는 뜻의 속어인 '양동이를 차다(Kick the Bucket)'라는 말과 관련이 있습니다. 중세 유럽에서 자살이나 교수형을 할 경우 목에 줄을 건 다음에 딛고 서있던 양동이(Bucket)를 발로 찼던 관행에서 유래되었습니다.

이 책을 쓰면서 죽기 전에 해야 할 일들을 하나의 주제를 다루고 싶어 기억을 되살리고자 인터넷을 통해 '버킷 리스트'라는 영화를 다시 보았습니다.

영화 속에 등장하는 주인공인 두 노인 카터와 콜은 서로 다른 삶을 살다가 같은 병실을 쓰게 됩니다. 카터가 낙서 정도로 적어 놓은 버킷 리스트를 콜이 발견하게 되고, 콜은 이 리스트에 적힌 일들을 하러 가자고 카터에게 제안합니다. 바보 같은 일이라고 생각될 수도 있지만, 인생의 마지막 순간만은 자신의 삶을 살고 싶다고 카터는 말합니다. 이렇게 두 노인의 여행이 시작되었습니다.

그들은 같이 스카이다이빙을 하고, 셸비 무스탕을 운전하고, 북극 위를 비행하기도 하고, 프랑스 레스토랑에서 저녁 식사를 하고, 인도의 타지마할을 방문하고, 중국의 만리장성에서 오토바이를 몰기도 하고, 아프리카의 사파리에서 모험을 즐기기도 합니다.

이집트 피라미드에 있었을 때 카터가 콜에게 했던 말이 가장 기억에 남습니다. 고대 이집트인들은 죽어서 그 영혼이 신 앞에 갔을 때 신이 이런 질문을 하는 것을 믿는다고 합니다. '인생의 기쁨을 찾았는가?', '자네 인생이 다른 사람들을 기쁘게 했나?' 고대 이집트인들은 이 질문의 대답 여부에 따라 그 영혼이 천국에 갈지 지옥에 갈지 정해진다고 믿었다고 합니다.

이 이야기는 단지 영화의 한 장면이지만 우리 인생에 시사하는 바가 큽니다. 그 질문을 나 자신에게 던져봅니다. 내 인생의 기쁨을 찾는 것, 내 인생이 타인의 기쁨이 되는 것, 이 두 가지가 확실히 지켜진 삶이라면 좋은 삶을 살았다고 말해도 되지 않을까 싶습니다.

이 영화를 통해 버킷 리스트를 다시금 정리하는 시간을 가졌습니다. 버킷 리스트를 작성하여 실천하기에 딱 좋은 나이 65세, 만약 버킷 리스트를 작성한다면 나 자신이 추구하는 최고의 가치들이 무엇인지 드러날 것 같습니다. 과연 어떤 목록들이 만들어질지 저 자신도 궁금해집니다. 작업을 시작하면 막연하던 것들이 그 모습을 드러낼 것이라고 생각합니다.

버킷 리스트를 작성하는 일은 젊을수록 더 좋을 수 있습니다. 왜냐하면 생애를 후회 없이 살 수 있는 목록이 될 수 있기 때문입니다. 죽음에 대한 인식은 삶을 빛나게, 죽음을 아름답게 할 수 있습니다.

저는 지금 새롭게 실천 가능한 버킷 리스트를 적고 있습니다. 한 가지는 혼자서 해보고 싶은 것, 다른 한 가지는 아내와 함께 해보고 싶은 것, 또 다른 한 가지는 지인들과 함께 해보고 싶은 것으로 분류하여 작성하고 있습니다. 모든 내용들이 거창하거나 고급스럽지는 않습니다. 늘 마음에 담고 살았던 것들을 실천해 보고 싶을 뿐입니다. 버킷 리스트의 실행을 통해서 삶의 질을 높이고 생애의 마지막 꽃을 피워보려고 합니다.

사람들은 종종 지금까지 지내온 삶을 다시 되돌린다면 돌아가겠느냐는 질문을 합니다. 하지만 저는 지금이 더 좋습니다. 지금이 인생의 전성기이기 때문입니다. 그 이유는 65세라는 나이를 먹기까지 무수한 연단을 받으며 힘겹게 살아왔고, 이제 인생 학교 졸업반이 되어서 영광스러운 인생 졸업장을 받을 수 있는 날이 점점 다가오기 때문입니다.

졸업은 끝이 아니고 새로운 시작일 뿐입니다. 이스라엘 백성들이 광야 학교를 졸업하고 요단 강을 건너 가나안에 들어갈 수 있었던 것처럼 우리도 인생 학교를 졸업하면 하늘 학교에 입학하게 됩니다. 좋은 성적으로 인생 학교를 졸업하고 즐겁게 하늘 학교에 입학하고 싶습니다.

성경을 보면 "우리가 시작할 때에 확신한 것을 끝까지 견고히 잡고 있으면 그리스도와 함께 참여한 자가 되리라."(히 3:14)라고 말씀하고 있습니다. 하나님을 끝까지 신뢰하여 하나님의 말씀에 순종하였던 여호수아와 갈렙은 안식의 땅인 가나안에 들어갈 수 있었습니다. 우리도 믿음의 도리를 굳게 붙들면 그리스도와 함께 참된 안식에 참예하게 됩니다.

에필로그

순리대로 삽시다

요즘은 종종 아이들에게서 할아버지 소리를 듣습니다. 또 주변 사람들에게서 '젊어 보이십니다.'라는 인사를 받게 됩니다. 이런 인사를 받을 때면 속으로 '나도 이제 나이를 먹었구나!'라는 생각을 합니다. 어느덧 정부에서 인정하는 65세 공식 노인이 되었기 때문입니다. 이로 인해 주어지는 혜택은 지하철을 공짜로 탈 수 있는 것입니다. 그래서 붙여진 이름이 지공 선생입니다. 저는 아직 만 65세가 되지 않아 무니만 지공 선생입니다.

생로병사는 하나님께서 정하신 인간의 운명입니다. 모든 사람은 늙습니다. 이미 몸은 늙어가고 있는데 젊어 보이려고 노력한다면 미안한 말이지만 그것은 발악입니다. 생로병사는 우리 인간의 운명입니다. 하나님께서 정해 놓으신 법칙을 따라서 순리대로 살아야 합니다.

우리 인체의 세포구조는 수십억 개로 매일 새롭게 생겨나고 죽지만 단지 노화로 인해 죽는 것은 아니라고 합니다. 대다수의 세포는 스스로 없어지는 것입니다.

이처럼 우리는 늙는다는 것을 안타깝게 생각하지 말고 자연스런 일생의 과정으로 받아들여야 합니다. 젊음을 맛보았으니 늙음도 맛보아야 합니다. 젊은 것만 좋은 것이 아니라 늙음도 좋습니다. 돌이킬 수 없는 과거를 그리워하지 말고 지금 현재를 소중하게 여기고 즐겨야 합니다.

인터넷 네이버 블로그씨로부터 "시간을 돌릴 수 있다면, 몇 살 때로 돌리고 싶어요?"라는 질문을 받은 한 블로거가 이런 답변을 했습니다.

역사는 되돌릴 수 없기 때문에 가정은 무의미합니다. 우리 인생의 경우도 마찬가지입니다. 저는 윤회를 믿지 않습니다. 인생은 하나의 과정입니다. 잘 살았던 못 살았던 그 과정을 통과하면 끝이라고 생각합니다.

시간은 절대로 거꾸로 가지 않습니다. 그럼에도 불구하고 군이 블로그씨의 질문에 답을 하자면 저는 돌아가고 싶지 않습니다. 다시 돌아간다고 해도 더 나은 인생을 살 것 같지 않습니다.

지금 저는 중년기와 노년기의 경계에 서 있습니다. 인생을 달관한 수준은 아니지만 그래도 어느 정도 세상을 보는 눈이 열리고, 마음을 다스릴 수 있고, 유혹에서 자유로울 수 있고, 자족할 수 있어서 지금 이 나이, 지금 이 상태가 좋습니다.

이 포스팅에 아침 꽃이라는 블로거가 "님의 당당하신 모습에 기립 박수를 보냅니다. 짜~짜~짝~~~ 과거는 흘러갔습니다. 중요한 건 지금입니다."라는 댓글을 달았습니다. 저의 마음을 대변해 준 포스팅과 댓글입니다.

나이가 들면서 눈이 침침한 것은 필요 없는 작은 것을 보지 말며 필요한 큰 것만 보라는 것이며, 귀가 잘 안 들리는 것은 필요 없는 작은 말만 듣지 말고 필요한 큰 말만 들으라는 것입니다. 이가 시린 것은 연한 음식만 먹고 소화불량 없게 하려는 것이고, 걸음걸이가 부자연스러운 것은 매사에 조심하고 멀리가지 말라는 것입니다. 머리가 하얗게 되는 것은 멀리 있어도 나이든 사람인 것을 알아보게 하기위한 하나님의 배려입니다. 정신이 깜박거리는 것은 살아온 세월을 다 기억하지 말라는 것이고, 아름다운 추억만 기억 하라는 것입니다.

녹음도 아름답지만 단풍은 더 아름답습니다. 녹음을 구경하러 가는 일은 없습니다. 그러나 단풍을 구경하려는 행렬은 언제나 인산인해입니다. 그 짜증나는 교통체증을 감수하면서까지 사람들은 단풍구경은 갑니다.

아름답게 물든 단풍을 보면서 노년의 삶을 생각하는 사람은 과연 얼마나 될 지 생각해 봅니다. 젊음도 아름답지만 나이 먹는 것은 더 아름답습니다. 낙엽은 잎의 단순한 죽음이 아니라 토양의 비옥함을 위한 자기희생입니다. 죽어서 생명을 이어가는 것이 모든 초목의 대 법칙입니다. 그러므로 죽는 것은 더욱 더 아름다운 것입니다. 우리의 죽음은 하나님께서 허락하신 것이기 때문입니다. 그리고 그 죽음 뒤에는 내세가 있기에 더욱 그랬습니다.

인도의 유명한 시인 타골은 "나는 나이가 점점 많아 감으로 내가 젓는 노를 의지하지 아니하고 이제는 돛을 높이 달고 바람을 의지하노라."라고 말했습니다. 그래야 합니다. 나 자신을 너무 의지하지 말아야 합니다. 믿음의 돛을 높이 달고 하나님께서 주시는 바람, 하나님의 능력을 의지해야 합니다.

성경을 보면 "마음의 경영은 사람에게 있어도 말의 응답은 여호와께로부터 나오느니라"(잠 16:1), "사람이 마음으로 자기의 길을 계획할지라도 그의 걸음을 인도하시는 이는 여호와시니라."(잠 16:9)라고 말씀하고 있습니다. 우리는 인생 경험을 통해서 이 말씀이 의미하는 바를 이해합니다.

젊었을 때에는 열정과 꿈과 비전을 품고 도전하며 살았지만 노년기에는 바람 따라, 물결 따라, 순리에 따라 살아야 합니다. 그것이 노년기의 인생 경영입니다.

이 책은 노년기에 접어드는 사람들을 주요 대상으로 하고 있지만 젊은이들의 인생 경영에도 도움이 될 수 있다고 생각합니다. 그 이유를 솔로몬의 전도서로 설명할 수 있습니다.

전도서는 솔로몬이 노년기에 쓴 책으로 인생의 모든 수고가 바람을 잡으려는 것과 같다고 인생의 허무를 논한 것입니다. 그런데 그는 마지막에 젊은이들을 향하여 중요한 교훈을 하고 있습니다. "너는 청년의 때에 너의 창조주를 기억하라 곧 곤고한 날이 이르기 전에, 나는 아무 낙이 없다고 할 해들이 가깝기 전에"(전 12:1)라고 기록하고 있습니다.

인생의 허무를 통해 청년들에게 의미 있는 삶을 요청하고 있습니다. 그것은 하나님을 기억하고 하나님을 경외하며 살라는 것입니다. 그것만이 헛되지 않은 유일한 것이라는 교훈입니다. 노년기를 미리 살펴봄으로써 젊은 시절의 삶을 더욱 알차게 살아갈 수 있다면 그 사람은 지혜로운 사람입니다.

노년기를 주제로 글을 쓰면서 나에게 주어진 유익은 생각보다 컸습니다. 하나님의 인도하심 따라서 순리대로 살겠다고 마음을 먹으면서 복잡하던 생각들이 정리되고, 염려 근심들이 사라지고 어둡던 길이 밝아졌습니다.

우리의 인생은 마라톤 경기와 같습니다. 이제 저의 생애도 마라톤 코스의 반환점을 돌아 내리막길을 달리고 있습니다. 그 길을 잘 달리면 인생 경주의 마지막 코스인 결승점에 도달하게 될 것입니다. 저의 이 간절한 마음을 담아 준비한 이 책이 노년기를 준비하는 사람들에게, 또 이미 노년기에 접어들어 그 길을 걸어가는 분들에게 빛나는 노년을 위한 작은 불빛이 되었으면 좋겠다는 소망을 가져봅니다.

참고 도서

국내 도서

김경록. 『1인 1기』, 더난출판사, 2016.

손홍규. 『청년의사 장기려』, 다산책방, 2012.

오진탁. 『죽음, 어떻게 이해할 것인가』, 한림대출판부, 2014.

안도현. 『관계』, 도서출판 해븐, 2013.

_____. 『웰다잉, 영원한 소망』, 도서출판 해븐, 2006.

_____. 『삶을 빛나게 죽음을 아름답게』, 베다니출판사, 2016.

염두철·장명수. 『신앙생활 어떻게 잘 할 수 있을까?』, 선교횃불, 2016.

염성철. 『미국 대통령의 신앙과 리더십』, 생명의말씀사, 2007.

_____. 『배설물』, 도서출판 해븐, 2016.

이병희. 『한경직 목사』, 규장문화사, 1982.

지강유철. 『장기려, 그 사람』, 홍성사, 2015.

장명수·염두철. 『작은 교회 새롭게 다시 보기』, 예영커뮤니케이션, 2015.

황수관. 『꿈은 이루어진다』, 너와나 미디어, 2002.

번역 도서

Applewhite Ashton. 『나는 에이지즘에 반대한다』, 이은진 역, 시공사, 2016.

Chaplin Charlie. 『찰리 채플린, 나의 자서전』, 이현 역, 김영사, 2007.

Ferrante Elena. 『홀로서기』, 김희정 역, 지혜정원, 2011.

Franklin Benjamin. 『벤자민 프랭클린의 잠언』, 최혁순 역, 을지출판사, 1998.

Khanna, Tarun. 『24억 기업가들이 온다』, 송철복 역, 세종서적, 2011.

Meyer Paul J. 『성공을 유산으로 남기는 법』, 최종옥 역, 두란노, 2003.

Pascal Blaise. 『팡세』, 김형길 역. 서울대학교출판문화원, 2015.

가즈코 미나미. 『어떻게 나이들 것인가』, 김욱 역, 도서출판 리수, 2015.

다카노리 후지타. 『2020 하류노인이 온다』, 홍성민 역, 청림출판, 2016.

도요 시바타. 『약해 지지마』, 채숙향 역, 지식여행, 2010.

시몬 드 보부아르. 『위기의 여자』, 오정자 역, 정우사, 2000.

아끼꼬 미나또. 『여성의 홀로서기』, 김혜강 역, 엘맨출판사, 1998.

아야코 미우라. 『이 질그릇에도』, 김윤옥 역, 설우사, 2002.

준이치 와다나베. 『남편이라는 것』, 구계원 역, 열음사, 2008.

카즈히로 코미도. 『미우라 아야코가 남긴 100마디 지혜』, 정미라 역, 생명의말씀사, 2010.